O PEI COMO PROCESSO DE DESENVOLVIMENTO COGNITIVO PARA A APRENDIZAGEM

Catalogação na Fonte
Elaborado por: Dayanne Leal Souza
Bibliotecária CRB 9/2162

D148p
2024

Dalmina, Rute Rosângela
O PEI como processo de desenvolvimento cognitivo para a aprendizagem / Rute Rosângela Dalmina e Adilson José de Almeida. – 1. ed. – Curitiba: Appris, 2024.
142 p. : il. ; 23 cm. (Coleção Educação, Tecnologias e Transdisciplinaridades).

Inclui referências.
ISBN 978-65-250-6292-1

1. Aprendizagem. 2. Estilo cognitivo. 3. Mediação. 4. Desenvolvimento. I. Dalmina, Rute Rosângela. II. Almeida, Adilson José de. III. Título. IV. Série.

CDD – 370.152

Livro de acordo com a normalização técnica da ABNT

Appris editora

Editora e Livraria Appris Ltda.
Av. Manoel Ribas, 2265 – Mercês
Curitiba/PR – CEP: 80810-002
Tel. (41) 3156 - 4731
www.editoraappris.com.br

Printed in Brazil
Impresso no Brasil

Rute Rosângela Dalmina
Adilson José de Almeida

O PEI COMO PROCESSO DE DESENVOLVIMENTO COGNITIVO PARA A APRENDIZAGEM

Appris editora

Curitiba, PR
2024

Para todos aqueles que buscam compreender o incrível processo de crescimento cognitivo e aquisição de conhecimento, este livro é dedicado a vocês. Que cada página inspire uma jornada de descobertas e reflexões, e que nosso contínuo aprendizado e busca pelo entendimento iluminem o caminho da educação para as gerações vindouras. Que o conhecimento seja uma luz que guie nossos passos, expandindo nossas mentes e nutrindo nossas almas.

Com gratidão a todos os educadores, pesquisadores e estudantes que contribuem para o avanço do nosso entendimento do desenvolvimento cognitivo e da aprendizagem.

Ao primeiro Amor da minha vida... minha Mãe (in memoriam).
Rute Rosângela Dalmina

APRESENTAÇÃO

O mundo vive um momento de grandes transformações, de mudanças políticas desafiadoras atinentes aos efeitos da globalização, de relações políticas e econômicas instáveis e das transformações no modo de ensinar e aprender. As novas tecnologias de informação e comunicação (novas organizações de estudo), aceleradas pela Covid-19, colocaram uma série de desafios para o campo educacional, estendendo-se aos gestores, professores e alunos. Desse modo, as instituições educacionais são convidadas a preparar-se para formar um perfil de aluno com capacidade para autogerir o próprio processo de aprendizagem, contextualizando os seus conhecimentos prévios e os saberes adquiridos no convívio familiar, no ambiente de trabalho e no contato com o social.

É nesta lógica de formação que este livro foi concebido. Preparar cognitivamente o sujeito para lidar com as novas configurações do mundo globalizado, que exige humanização, valores e atitudes, além de competências cognitivas e autonomia intelectual. Nesse sentido, para alcançarmos esse objetivo, propomos uma experiência em aprender e ensinar a partir da modificabilidade cognitiva proposta por Reuven Feuerstein[1].

Acreditamos que a modificabilidade cognitiva mobiliza importantes elementos para se repensar os processos formativos, dentre outras questões que envolvem o mundo do trabalho, como conhecimento, experiências, competências técnico-científica, além do desenvolvimento de habilidades e a capacidade de aprendizagem. Sob essa perspectiva, a modificabilidade

---

[1] Feuerstein é descendente de uma família judia, é psicólogo de formação, estudou na Universidade de Genebra sob a orientação de Jean Piaget, Andre Rey, Barbel Inhelder e Marguerite Loosli Uster. Cresceu no seio de uma família muito afetiva e receptiva à cultura e à educação judaica, sempre dedicou-se com carisma nas atividades familiares e demonstrou desde cedo interesse em aprender. Sua imensa paixão pelo conhecimento e o desejo de se relacionar com os outros lhe possibilitaram o papel de mediador com crianças órfãs que frequentavam sua casa. Outra influência importante na vida de Feuerstein foi o seu pai, um mestre rabino que transmitia ensinamentos bíblicos e aconselhava pessoas que estivessem passando por dificuldades. Seu modo de vida sempre lhe permitiu criar perspectivas no processo de compreensão do ser humano, sem desqualificar a questão individual de cada um. Aos 17 anos, Feuerstein partiu para Bucareste para estudar psicologia e preparar-se para a vida num *kibutz* em Israel. Nesse tempo, Feuerstein passara um ano num campo de concentração na Transilvânia, com a missão de preparar a fuga dos judeus da Hungria para a Romênia. Foi nesse período que teve sua primeira experiência como educador de crianças e adolescentes provenientes de campos de concentração e prisões nazistas, que apresentavam atraso cognitivo e retardo mental. Em 1944, já instalado em Israel, teve seus primeiros contatos com crianças salvas do holocausto. Apesar de terem aprendido a sobreviver, essas crianças não tiveram suas capacidades cognitivas desenvolvidas, era necessário um intenso trabalho de mediação para resgatar o potencial de aprendizagem das crianças consideradas privadas culturalmente.

cognitiva e a aprendizagem mediada são entendidas como práticas de um trabalho conjunto, que se mostra premente diante do momento que estamos vivendo, quando as pessoas testemunham a produção de novos conhecimentos e de novas tecnologias.

No entanto, vimos que em função de tantos desafios frente às crises de uma sociedade que vive a imprevisibilidade todas as iniciativas e propostas de mudanças parecem ser de riscos e incertezas (BAUMAN, 2001). Por outro lado, as teorias contemporâneas da aprendizagem ressaltam que a aprendizagem se tornou um tema fundamental, contrapondo-se ao modo de pensar a aprendizagem tradicionalmente compreendida como um produto (ILLERIS, 2013). Embora muitos autores ofereçam diferentes entendimentos sobre a aprendizagem, o conceito de aprendizagem discutido neste livro está relacionado ao desenvolvimento cognitivo e a capacidade de modificabilidade cognitiva estrutural do sujeito segundo Feuerstein.

Assim, acreditamos que o fomento da iniciativa de uma proposta pedagógica baseada na modificabilidade cognitiva e na aprendizagem mediada, pode favorecer o desenvolvimento de competências e da autonomia intelectual, uma vez que os dados do IBGE de 2020 indicam que falta trabalho para 26,4 milhões de brasileiros, e que estes estão fora do mercado pela baixa escolaridade e pelo não desenvolvimento de competências. Isso sugere pensar que promover no aluno a capacidade cognitiva não é dar uma resposta as crises econômicas e ao desemprego, mas poderá sim minimizar os impactos do desemprego causado por aquilo que vimos como necessário ao trabalhador, ensinar a pensar por meio do desenvolvimento das competências cognitivas e das habilidades do pensamento.

Os autores

PREFÁCIO 1

É com alegria que recebi o convite para prefaciar a obra *O PEI como processo de desenvolvimento cognitivo para a aprendizagem* de Rute Dalmina e Adilson de Almeida. Ela é o resultado do esforço de seus pensares e da reflexividade realizada pelos dois Doutores em Educação, estudiosos do tema e que se reconhecem na tarefa do fazer educativo.

Aprender e ensinar, sem uma ordem de prioridade de qualquer um dos conceitos, sempre estiveram e continuam no centro dos debates e preocupações no campo da educação. Embora seja possível falar que ensino e aprendizagem possam ocorrer além dos limites da escola, a obra em curso direciona seu olhar para dentro de espaços educativos formais no sentido de contribuir com o ato de formar pessoas.

Como os próprios autores mencionam na apresentação, as mudanças de cenário, especialmente durante e pós-pandemia Covid-19, exigem um redesenho e uma reorientação de mentalidades a respeito dos atores do ensinar e aprender tendo como horizonte processos formativos que oportunizem competências cognitivas, atitudinais e autonomia intelectual. Feuerstein, especialmente com seu conceito de modificabilidade cognitiva estrutural e da experiência da aprendizagem mediada, emerge como fonte teórica e pedagógica, que pode subsidiar esta busca.

Ao pensarmos com maior profundidade veremos que aprender é uma atitude humano-antropológica para a qual nos predispomos, inclusive, com ferramentas cognitivas herdadas pela nossa natureza. Por sua vez, ensinar exige certa perícia, método e formação, o que nos faz acreditar na necessidade de preparação para isso. No ambiente escolar, falando de estudantes e professores, exige que sejam hábeis na arte e na ciência do ensinar e aprender.

Nesse intuito a sistematização que esta obra abriga traduz a investigação realizada pelos autores numa instituição de educação profissional com dez professores, tendo como referência a ser seguida a dinâmica da vivência da mediação e a aplicação do PEI (Programa de Enriquecimento Instrumental).

A prática realizada sustentou-se no propósito de investigar no grupo de professores o aprendizado ocorrido na prática pedagógica após a aplicação do PEI. Os dados apresentados demonstram mudanças comportamentais e cognitivas, nos ambientes de aprendizagem e na transferência dessa aprendizagem para o contexto da aula enquanto aprendizagem significativa.

Os critérios tomados como parâmetros para avaliar as mudanças: intencionalidade e reciprocidade; transcendência; e, significado são tratados em seus resultados genéricos e professor a professor permitindo ao leitor obter um panorama retratado com fidedignidade pelos pesquisadores a partir da experiência vivida com os professores.

Cada exercício realizado está acompanhado com descrições didáticas que auxiliam na compreensão de como cada atividade ocorreu, bem como ficam explícitas quais as intenções que orientaram a consecução de cada tarefa. As imagens utilizadas são complementadas por depoimentos dos professores que ilustram suas percepções a respeito das dinâmicas propostas, do seu grau de interesse e envolvimento com elas.

A obra é densa e rica teoricamente. A revisão de literatura realizada apresenta autores clássicos e contemporâneos reconhecidos por seus estudos na área. Aprofunda conceitos como os de aprendizagem, inteligência, modificabilidade cognitiva, aprendizagem mediada, dentre outros. Detalha aspectos e características do PEI, seus objetivos, justifica e apresenta pontos escolhidos para aplicação com os professores. Estes elementos dão consistência e coerência ao texto e oferecem ao leitor amplo espectro de conhecimento sobre o assunto.

Este escrito oferece ricos subsídios teórico-práticos para quem ousa saber mais sobre um autor que tem sido pouco divulgado no Brasil, o que não significa que suas ideias e sua obra não sejam importantes e que não possam contribuir com o ensinar e o aprender no século 21. Espero que o contato com o texto possa provocar chistes de pensamento e sentimentos de que suas ideias vivem, são prenhes de possibilidades e podem ser aplicadas para provocar transformações na educação.

No ler ... ver, escolher, compreender!

No pensar ... parar, aprofundar, buscar!

No oculto ... sentidos, presenças, ausências!

No silêncio ... a fala, o eco, o sórdido retumbar mais profundo
da inteligência humana!

No criar ... o novo, inesperado, transformador!

Boa leitura!

Dr. Arnaldo Nogaro

Doutor em Educação pela Universidade Federal do Rio Grande do Sul e mestre em Antropologia Filosófica pela Pontifícia Universidade Católica do Rio Grande do Sul. Graduado em Filosofia pela Faculdade de Filosofia Imaculada Conceição. Possui experiência na área de Filosofia, Antropologia Filosófica, Formação de Professores e Filosofia da Educação, atuando nos temas: avaliação, aprendizagem, docência universitária, formação docente e educação em saúde. Atualmente exerce o cargo de reitor da Universidade Regional Integrada do Alto Uruguai e das Missões, tendo sido pró-reitor de ensino e professor titular dos cursos de graduação, pós-graduação e dos programas de mestrado e doutorado. Membro dos Conselhos Editoriais das Revistas Educação (UFSM), Perspectiva (URI), Cataventos (UNICRUZ) e da Revista Eletrônica Vivências (URI). Também atuou como avaliador institucional e de cursos do INEP e liderou o grupo de pesquisa Ética, Educação e Formação de Professores

PREFÁCIO 2

"Acreditar na capacidade de que todo e qualquer ser humano pode aprender" é o pressuposto que permite que essa afirmação se concretize.

Por muito tempo, a prática educacional ao tratar o processo ensino--aprendizagem, conferiu maior ênfase no "como ensinar", concentrando na figura do detentor do saber estruturado, a função de estabelecer a melhor forma de transferir a informação. Essa prática, ao pressupor uma forma dominante de aprendizagem, deixou pelo caminho uma sequência de indivíduos que divergentes, não se adaptaram e muito provavelmente, abandonaram a sua escalada na educação formal.

Por outro lado, e com o passar do tempo, as contingências do "mundo moderno", com a sua constante relativização de tudo, parece se dar conta de que a ênfase no "como aprender" deveria ter recebido melhor atenção.

Ao apresentar sua Teoria da Modificabilidade Cognitiva Estrutural (TMCE) e a teoria da Experiência da Aprendizagem Mediada (EAM), Reuven Feuerstein (psicólogo, professor e pesquisador israelense) propõe que a inteligência é modificável e, independente das limitações, o indivíduo que aprende, acompanhado por um processo de mediação, enriquecerá seu portfólio cognitivo, atingindo estágio sucessivo de maior complexidade de entendimento e ação. Assim, para Feuerstein, a inteligência pode ser promovida e modificada pela coordenada interação humana.

É nesse cenário que a prática do professor toma uma relevância ainda maior. Ao deparar-se com o perfil eclético da sala de aula, compreendido em sua diversidade de experiências, possibilidades, limitações e portfólio cognitivo, o professor há de ter na intencionalidade de suas proposições, importante ferramenta para atingir o seu objetivo.

Ao assumir uma postura mediadora, o professor deve se colocar entre o aluno e o objeto de estudo, de forma a proporcionar uma ação coordenada entre o estímulo e o aluno e, entre o aluno e sua resposta, gerando uma íntima e elaborada relação entre estímulo e resposta. Busca-se que o comportamento/resposta do aluno vincule-se intencionalmente ao estímulo apresentado, ao invés de ocorrerem ao acaso.

"Um momento, deixe-me pensar!" com esse lema, Feuerstein apresenta o Programa de Enriquecimento Instrumental – PEI. Fundamentado na TMCE e na EAM, Feuerstein ofereceu um poderoso instrumento de mediação focado em catalisar a capacidade de aprender, por meio da identificação de problemas, geração de estratégias, implementação de ação, proporcionando ainda no processo, diagnosticar e corrigir deficiências.

É nesse contexto, que os autores do presente trabalho, nos brindam com um estudo investigatório, desenvolvido com um grupo de professores e que buscou medir o impacto apresentado na sua prática pedagógica após a aplicação do Programa de Enriquecimento Instrumental – PEI.

- Quais foram suas percepções?
- Houve ganho qualitativo na prática pedagógica?
- Que percepção tiveram os alunos?
- As teorias e instrumentos propostos Feuerstein, são suficientemente capazes de lançar luz nos desafios propostos pelo atual cenário da educação?

A incursão a que somos convidados não propõe esgotar o tema, mas nos proporciona uma análise técnica e detalhada das aplicações da Teoria da Modificabilidade Cognitiva Estrutural (TMCE) e a teoria da Experiência da Aprendizagem Mediada (EAM), proposta por Reuven Feuerstein.

Os questionamentos, análises, conclusões e proposições a que seremos expostos foram suficientes para mim. Convido você a formular suas próprias conclusões.

Boa Leitura!

Luciano Caminha

Psicólogo formado pela Universidade Federal de Santa Catarina, especialista em Gestão Estratégica e Desenvolvimento Cognitivo. Em seus mais de 37 anos de atividade profissional, acumulou experiência na atividade da psicologia clínica, recursos humanos e gestão empresarial. Sua carreira concentrou-se no Serviço Nacional de Aprendizagem Comercial - Senac, desenvolvendo práticas em diversas áreas relacionadas a Educação Profissional. Foi nesse ambiente que tomou conhecimento e experienciou a Teoria da Modificabilidade Cognitiva Estrutural (TMCE) e a teoria da Experiência da Aprendizagem Mediada (EAM), proposta por Reuven Feuerstein (psicólogo, professor e pesquisador israelense)

LISTA DE ABREVIATURAS

EAM	-	Experiência de Aprendizagem Mediada
LPAD	-	Learning Potential Assessment Device
MEC	-	Ministério da Educação e Cultura
PEI	-	Programa de Enriquecimento Instrumental
Senac	-	Serviço Nacional de Aprendizagem Comercial
TMCE	-	Teoria da Modificabilidade Cognitiva Estrutural

SUMÁRIO

INTRODUÇÃO

A proposta de estudar as Teorias da Modificabilidade Cognitiva Estrutural (TMCE) e da Experiência da Aprendizagem Mediada (EAM) constitui para nós um desafio e uma possibilidade de compartilhar com profissionais da educação uma teoria que consideramos inovadora, altruísta e inclusiva. À medida que vamos compreendendo as razões, os princípios e as intenções de uma teoria, podemos ser envolvidos por ela ou não, podemos nos apropriar de diferentes conhecimentos e mudar nossa forma de ver o mundo, ou poderá apenas não ter provocado mudança alguma. É uma construção que envolve um processo complexo interno e externo, que possibilita a criação de novos conhecimentos. Aprender é uma atitude existencial perante a vida, a busca por novos saberes e o desejo de aprender é uma condição humana (ILLERIS, 2013).

Sob essa perspectiva, as teorias da modificabilidade cognitiva e da aprendizagem mediada podem ser entendidas como práticas que possuem como horizonte desenvolver a pessoa para aprender a pensar, para se adaptar às mudanças, e para gerar novos modos de ser e estar no mundo, de modificar-se. Dessa forma, se a teoria existe nessa linha de pensamento, perguntamos: todos poderiam aprender de maneira semelhante, e conquistar seu lugar e espaço? Ou irão se "beneficiar" apenas aqueles bem articulados com a teoria?

Não. Feuerstein (2013) se posiciona quanto à modificabilidade cognitiva e a premissa de sua teoria fundamenta-se na crença de que todo o ser humano é capaz de aprender desde que esteja aberto às mudanças, independentemente de sua idade, condição genética ou experiência de vida. Para tal, o autor qualificou a mudança estrutural como sendo responsável por provocar mudanças e afetar o "aprendizado e o comportamento de forma profunda, sustentável e autoperpetuável" (FEUERSTEIN; FEUERSTEIN; FALIK, 2014, p. 43).

Nesse sentido, poder-se-ia pensar que adotar uma proposta de ensino e aprendizagem nos princípios da modificabilidade cognitiva e da aprendizagem mediada pode constituir-se um empenho na luta pela mudança educacional. Modificabilidade cognitiva e aprendizagem mediada, assim compreendidas, configuram-se numa proposta de trabalho que pretende rever questões complexas não só decorrentes do processo de ensino e aprendizagem, mas suscitar discussões acerca da problemática enfrentada no campo educacional.

A partir dessa abordagem, vimos como necessário discutir o conjunto de mudanças caracterizado pela mutabilidade constante que gerou fluidez das estruturas, determinando flexibilidade estrutural, organizacional e relacional (BAUMAN, 2001). É sobre esta fluidez que precisamos pensar em mudanças educacionais. A pandemia[2] nos alertou que precisamos desenvolver a capacidade de estímulo ao potencial de aprendizagem latente nos sujeitos, despertando neles o desejo e a autonomia para aprender.

Segundo Gomes (2007) o ensino escolar tem o potencial de ampliar, alterar e reverter o fluxo do desenvolvimento da inteligência das pessoas. O autor levanta outro ponto crítico quanto à qualidade do ensino brasileiro:

> No Brasil faltam discussões conceituais e metodológicas sobre como ensinar a pensar, como ensinar para mudar o fluxo de desenvolvimento intelectual do estudante brasileiro e sua capacidade de aprender e pensar. Essa falta de sistematização é verificável nas Novas Diretrizes Curriculares Nacionais (NDCN). As diretrizes enfatizam como fundamental que a educação brasileira comece a ensinar os estudantes a pensar. [...] o novo ensino brasileiro deverá ter como base o desenvolvimento de competências cognitivas, conceituadas como as operações mentais e os processos cognitivos e intelectuais humanos. Ao mesmo tempo que prioriza um ensino do pensamento como principal objetivo da educação do futuro, as diretrizes não formalizam nenhuma consideração teórica, conceitual e metodológica sobre o que venha a ser um ensino do pensamento e sobre como é possível tornar a educação um instrumento de promoção de mudança no desenvolvimento de competências cognitivas. Não há clareza disso nos parâmetros curriculares e nem mesmo nas matrizes de competências e habilidades que compõem os sistemas nacionais de avaliação. [...] A semente é lançada sem nenhuma referência ao professor e às escolas de como ensinar a pensar por meio das competências cognitivas, ou habilidades do pensamento (GOMES, 2007, p. 19).

Essa posição vem ao encontro de nossa intenção em contribuir com a formação de professores e alunos por meio de uma proposta que reúne um conjunto de atributos psicopedagógicos que acompanham perfeitamente a revolução cognitiva do século XX, que acrescentou importantes

[2] A pandemia ocasionada pela Covid-19 nos mostrou que a experiência que os jovens tiveram em decorrência do isolamento social, desafiam os métodos tradicionais de aprendizado. Os próprios aluno s constataram que podem adquirir conhecimento dentro dos meios digitais e a partir das suas experiências, e que buscar conhecimento e conteúdo não se resume apenas à sala de aula.

perguntas ao processo de aprendizagem. As teorias do desenvolvimento cognitivo se destacam, sobretudo, pela influência marcante que exercem para os estudos e investigações do comportamento humano a partir de uma perspectiva evolutiva.

Se a aprendizagem promove o desenvolvimento, então precisamos identificar como podemos melhorar a performance dos educadores para atingir melhores níveis de suas aprendizagens e dos seus alunos. A vivência da aprendizagem mediada pode ser constatada por meio da aplicação do Programa de Enriquecimento Instrumental (PEI), que visa promover o desenvolvimento cognitivo do indivíduo. A TMCE e da EAM associada ao PEI apresenta um grande valor heurístico, pois remete a novas pesquisas e novas descobertas, entre elas nos ajudou a responder ao seguinte problema: *investigar no grupo de professores o aprendizado ocorrido na prática pedagógica após a aplicação do PEI.*

Nossa intenção é trazer a modificabilidade cognitiva e aprendizagem mediada como proposta de ensino. Não desejamos desmerecer métodos de ensino tradicionais, como memorização e instrução, para nós, o modelo de ensino escolhido, ou a preferência adotada por cada instituição está associada à sua história, crença e valores. Nossa intenção é pensar o novo cenário da sala de aula e as mudanças que envolvem os processos de ensino e aprendizagem, os quais não são mais suficientes para atrair a atenção do aluno ou contribuir para potencializar a aprendizagem e o desenvolvimento de funções cognitivas. Reconhecemos que os problemas da educação não estão relacionados apenas aos problemas de ensino, mas se agravam em decorrência deles.

Exemplo disso foram os impactos sofridos pela educação quando em março de 2020 cerca de 48 milhões de estudantes deixaram de frequentar as atividades presenciais do ensino básico. Mesmo que as escolas tenham tentado migrar rapidamente do ensino presencial para a distância, os efeitos negativos do baixo aprendizado dos alunos e as dificuldades de ensino por parte do professor utilizando os ambientes virtuais mobilizam pensar a educação num contexto em que os sujeitos aprendam a responder melhor às necessidades e aos desafios do mundo.

Além disso, a educação precisa dialogar com outras áreas olhando para as novas configurações do mundo globalizado e tecnológico. Embora ainda não dominemos a leitura desse ambiente, isso não significa que ensinar a pensar e a usar novas tecnologias de ensino que o levem a ter um desempenho melhor seja tirar valores econômicos dos sujeitos. Ao contrário. Acreditamos que é possível reverter esse quadro de 26,4 milhões de brasileiros desempregados por falta de competências. E a falta de competência estão relacionadas as competências cognitivas, ou seja; a capacidade que um trabalhador tem em compreender um problema e apresentar soluções, ou, a capacidade de articular o conhecimento e aplicá-lo. Para alcançar isso é necessário desenvolver o que chamamos de modificabilidade cognitiva, a propensão do organismo a ser modificada atingindo níveis mais elevados do potencial de inteligência para atuar com novas formas e novos métodos, nos desafios que a nós são postos.

PERCURSO METODOLÓGICO

Ao longo do tempo, têm coexistido inúmeros fatores que provocaram mudanças na educação. Alguns dizem respeito à superação da concepção quantitativa de inteligência e aprendizagem; decorrente disso, surgiram diferentes correntes pedagógicas que foram dando lugar a outros estudos, outras experiências educacionais, e, sobretudo, a diferentes correntes metodológicas. As mais recentes concepções de educação tendem a substituir os modelos clássicos de gerir o conhecimento e a aprendizagem.

Ao recorrer à teoria sinergética de Hermann Hanken, Santos (2010), diz que a mínima flutuação da nossa percepção visual provoca rupturas na simetria do que vemos. É esta a "ambiguidade e complexidade da situação do tempo presente, um tempo de transição" (SANTOS, 2010, p. 14-15).

Olhando pelo viés da ciência moderna, há três séculos um questionamento continua a ser feito sobre a utilidade, a necessidade e a importância da ciência, um questionamento amplamente conhecido. Rousseau fez a seguinte pergunta. "Contribuiria a ciência para diminuir o fosso crescente na nossa sociedade entre o que se é e o que se aparenta ser, o saber dizer e o saber fazer, entre a teoria e a prática?" (SANTOS, 2010, p. 16). Santos, a partir do questionamento nos faz refletir sobre problemas sociais e educacionais e repensar a ciência e a sua contribuição frente aos desafios o qual se encontra a sociedade. Enfraquecimento do Estado, precarização do trabalho e lógica da concorrência amparada na crença do esforço pessoal.

Entendemos que pensar a mudança educacional requer por vezes a integração de saberes do velho ao novo, da capacidade que precisamos ter para aprender a lidar com os entrames do neoliberalismo na educação e nortear o currículo a fim de promover uma educação voltada para a intelectualidade, que necessita ensinar a pensar e não apenas ensinar a sobreviver neste mercado. Segundo Bauman (2001), a condição humana se encontra num momento de extrema individualidade, no entanto, é dessa nova ordem que pode nascer uma nova visão de sociedade, de educação e de trabalho.

Dada a importância da pesquisa científica para nos ajudar a buscar respostas para melhorar as condições de vida de uma sociedade, as investigações realizadas a partir das pesquisas geram conhecimentos novos que são essenciais para o desenvolvimento da sociedade. Desse modo, como podemos utilizar a pesquisa científica para nos auxiliar na busca por condições de vida[3], de trabalho e de educação como direitos universais? Enquanto universal, entendemos como alcançável a todas as pessoas. À primeira vista, parece que as três categorias são. No entanto, o que está em questão é o modo como a vida e o trabalho estão sendo explorados. Segundo, fica cada vez menos claro como preparar os estudantes para a vida fora da sala e aula.

Ao tratar das rupturas da sociedade, Bauman nos ajuda a pensar que as "imagens de uma sociedade pintada em muitas cores e por muitos pincéis no curso dos dois últimos séculos provaram-se sonhos inatingíveis" (BAUMAN, 2001, p. 168). Partindo desse entendimento, acreditamos que algumas perguntas relacionadas ao processo de ensino que mostram os índices de aprendizagem, repetência e evasão preocupantes, sem dúvida, precisam ser discutidos considerando os altos índices de desistência na graduação revelam fragilidade do ensino médio[4]. Outro fato que contribui para a desistência dos alunos no ensino superior, refere-se à estrutura do ensino que não acompanhou a dinâmica do mundo do trabalho bastante diferenciada, o qual o ensino médio não conseguiu assegurar as aprendizagens essenciais.

Neste sentido, os atuais modelos de ensino prevalecente no Brasil, com foco apenas em conteúdo não contribuem "para mudar o fluxo de desenvolvimento intelectual" do estudante (GOMES, 2009, p. 19). O ensino baseado na transmissão do conhecimento levou a um afastamento de um modelo que priorizasse metodologias de ensino com formas de aprendizagens envolvendo o pensamento, a reflexão e o raciocínio sobre o que aprendeu e a sua aplicabilidade.

Focados no viés do paradigma do desenvolvimento cognitivo, nosso objetivo foi investigar, na perspectiva cognitivista, possibilidades de gerar mudanças de atitudes e de postura na construção de diferentes caminhos para inferirmos nos pressupostos do atual modelo educacional, que exige pensar um currículo para o futuro, que possa contribuir para preparar melhor as pessoas para as contínuas mudanças e novas atividades que incluem novas competências relacional e de trabalho.

Sobre o currículo, Nogaro (2002, p. 75), aponta que "o currículo das escolas de formação deverão contemplar, entre outras questões, novas formas de ler o

[3] Atualmente a informalidade tem se integrado à precarização do trabalho, contribuindo para a responsabilização do trabalhador pela sua baixa qualificação e pelas suas escolhas e suas condições de empreender são afetadas pela baixa qualificação ou começam seus negócios na informalidade e sem formação profissional capaz de habilitá-lo a enfrentar a diversidade dos ambientes empresariais competitivos.

[4] Senso da Educação Superior 201. Disponível em: www.inep.gov.br. Acesso em: 2 abr. 2015.

mundo e a realidade em mutação". Para o autor, "estaremos sempre interrogando sobre quem e porque se educa; para que objetivos; quais os meios adequados para educarmos". A ênfase ao currículo e à formação tratada por Nogaro e Silva, refletem sobre as dificuldades enfrentadas pelo profissional deste século.

> O homem subjugado pela pobreza, desemprego, individualismo, drogas e espírito consumista procura encontrar-se a si mesmo a fim de recuperar sua identidade perdida. Diante desta situação interroga-se sobre sua condição no mundo. [...] percebe-se que o homem deste século é um inquieto questionador e aspira conquistar a liberdade e a emancipação próprias, parece querer reaprender a pensar" (NOGARO; SILVA, 2015, p. 49).

Aprender a pensar faz parte das novas tendências de formação profissional que despontam. No papel da docência, os objetivos educacionais incluem uma compreensão maior do que apenas ensinar. A ambiência da sala de aula, conduzida por um professor oportuniza espaço para o que Illeris (2013), refere-se sobre aprendizagem transicional. Para o autor, a aprendizagem

> [...] emerge quando os indivíduos enfrentam, mudanças imprevisíveis na dinâmica entre seu curso de vida e o contexto em transformação, e quando são confrontados com a necessidade de (aprender a) prever, lidar e reorganizar essas condições mutáveis. Essa situação desencadeia um processo contínuo de construir significados, fazer escolhas, assumir responsabilidades e lidar com as mudanças no contexto pessoal e na sociedade (ILLERIS, 2013, p. 262).

Para Illeris (2013), o desafio de enfrentar problemas faz parte de uma compreensão mais abrangente sobre a aprendizagem humana. A aprendizagem tratada sob o enfoque cognitivista, oportuniza pensar este conceito incluindo as condições psicológicas, biológicas e sociais. Da mesma forma os elementos encontrados nas condições internas e externas que afetam a aprendizagem. Como se pode ver, toda a aprendizagem sempre envolve essas dimensões. Todavia, isso não significa uma regra, no entanto, a estrutura base da aprendizagem acarreta os aspectos da biologia, psicologia e ciência social, estruturas, tipos de aprendizagem e obstáculos (ILLERIS, 2013).

Considerando as condições para a aprendizagem, de acordo com Illeris (2013), os elementos internos e externos são fatores vistos como influenciadores da aprendizagem como a disposição, a idade e a situação subjetiva. As condições externas relacionam-se ao que encontra fora, sociedade e situação. Dada essa informação sobre os fatores influenciadores, podemos criar no ambiente escolar como no empresarial ou social condições para que a aprendizagem possa ser mediatizada. Entendemos a mediatização a partir de Fonseca (2009, p. 39), cuja definição refere-se "a interação, as experiências compartilhadas e solidaria que permite a continuidade da espécie humana".

Como bem lembra Morin (2008, p. 65), "a educação deve contribuir para a auto transformação da pessoa (ensinar a assumir a condição humana, ensinar a viver) ensinar como se tornar cidadão". Para o autor, é preciso mostrar que "ensinar a viver necessita não só dos conhecimentos, mas também da transformação, em seu próprio ser mental, o conhecimento adquirido em sapiência, e da incorporação dessa sapiência para toda a vida" (MORIN, 2008, p. 47).

Santos (2010) explica que a ciência social busca compreender os fenômenos sociais a partir das atitudes mentais e do sentido que os agentes conferem às suas ações. Ainda na justificativa deste mesmo autor, "o comportamento humano, ao contrário dos fenômenos naturais, não pode ser descrito e muito menos explicado com base nas suas características exteriores" (SANTOS, 2010, p. 38). É necessário um olhar qualitativo sobre a realidade na qual se encontram inseridos os sujeitos, pois o comportamento, refletido nas atitudes, resulta de um processo histórico fruto de suas interações sociais.

A construção do método

A construção do método foi realizada com base na abordagem filosófica dialética. Entendemos que, na medida em que as pessoas se sentem parte de um todo, elas fazem a diferença, porque estão presentes, estão envolvidas e dispostas. A disposição é um elemento essencial para manter o sistema de crença em torno da mudança.

A abordagem eleita para realização desta pesquisa é do tipo qualitativa, o delineamento utilizado foi de campo e bibliográfico. Pela natureza do tema, e o enfoque que desejamos dar a ele, a dialética tem aspectos que são perfeitamente cabíveis quanto ao olhar, à mobilização e às relações entre os sujeitos, conhecimento e contexto. A prática pedagógica é um exercício em permanente transformação, além de ser um campo rico em potencialidades e em constante movimento, onde os sujeitos são convidados a conhecer. "O ato de pesquisar deve apresentar certas características específicas. Não buscamos, com ele, qualquer conhecimento, mas um conhecimento que ultrapasse nosso entendimento imediato na explicação ou na compreensão da realidade que observamos" (GATTI, 2002, p. 9-10).

Na abordagem dialética, o sujeito é essencialmente ativo, e está sempre interferindo na realidade. É por meio da capacidade que o sujeito tem em desenvolver habilidades que consegue modificar situações, resolver problemas e superar suas próprias resistências. Uma relação que possibilita a mediação entre sujeito e objeto é uma construção que vai do simples ao complexo. Partindo deste pressuposto, entendemos que existe diferentes formas de olhar a relação ensino e aprendizagem, ou seja, olha a pessoa inteira, corpo e mente, pois reconhecemos que a aprendizagem não decorre apenas de processos psicológicos, mas por meio do desenvolvimento das experiências moldadas pela interação com o mundo (ILLERIS, 2013).

Para tanto, o desenho metodológico da pesquisa quanto aos fins, de acordo com Gil (1991), será explicativo. É o tipo que mais aprofunda o conhecimento da realidade, porque explica a razão e o porquê das coisas. É possível ainda diagnosticar, na pesquisa explicativa, a identificação dos fatores que determinam ou que contribuem para a ocorrência dos fenômenos.

Quanto aos meios, a pesquisa será de campo. "A principal vantagem de pesquisa de campo reside no fato de permitir ao investigador a cobertura de uma gama de fenômenos muito mais ampla do que aquela que poderia pesquisar diretamente" (GIL, 1995, p. 30). A pesquisa bibliográfica complementará o estudo, pois se fundamenta em material elaborado por autores com o propósito específico de ser dirigida ao tema de estudo.

A pesquisa bibliográfica associada à pesquisa de campo fornece novos conhecimentos sobre o tema, por meio deles, podemos investigar sobre o que há de mais recente sendo estudado e publicado sobre inteligência e aprendizagem e a repercussão no processo educacional; outro aspecto é o olhar crítico sobre a aplicação do programa por meio de leituras de publicações das meta-análises sobre os efeitos do PEI na prática, haja vista que é objetivo desta pesquisa: Investigar se a vivência da mediação do Programa de Enriquecimento Instrumental gerou no professor modificabilidade e se esta foi incorporada e transferida para sua prática pedagógica.

Ainda neste pensamento de olhar a teoria e a prática, a pesquisa é entendida por Gil (1995) como o conjunto de investigações, operações, trabalhos intelectuais ou práticos que tenham como objetivo a descoberta de novos conhecimentos, a invenção de novas técnicas e a exploração ou a criação de novas realidades.

A pesquisa constitui-se em empenho pessoal, pois carrega em si atitudes investigativas do pesquisador, é um estudo que segue um rigor, onde a percepção e o conhecimento do pesquisador fazem parte do processo de construção científica. A pesquisa em educação é um horizonte que requer, além do estudo dos fenômenos, importantes preocupações, pois os resultados servirão de referências para rever, sugerir ou propor mudanças no contexto.

Respaldamo-nos no pensamento de Gatti (2002), quando menciona que o ato de pesquisar é uma atitude processual de investigação diante do desconhecido, e faz parte do processo de informação, pois sempre há uma ânsia por parte do pesquisador de compreender situações que possam promover novos diálogos entre as diferentes perspectivas e áreas do conhecimento.

Escolha dos participantes

A escolha dos participantes seguiu os critérios: a) o participante estar atuando na docência; b) não ter participado das formações do PEI.

A escolha dos sujeitos deu-se por adesão voluntária. Antes do início da pesquisa os professores foram contatados e, em seguida, sensibilizados sobre a sua participação e informados que, em função de sua adesão voluntária, não implicaria em ônus financeiro para a instituição em decorrência da realização das atividades[5].

Conforme Lüdke e André (2004), a amostra é formada por elementos que se encontram circunstancialmente no local da pesquisa, e são arrolados sem ordem específica, até completar o número de elementos previstos para a amostra. Ocorre quando o componente da população voluntariamente deseja participar da pesquisa, deseja de alguma forma contribuir com o tema estudado.

A escolha do programa de enriquecimento instrumental

Alguns aspectos já descritos sobre o PEI anteriormente parecem dar conta de informar uma das características que pensamos ser fundamental para realizar uma pesquisa, a população a quem ele se dirige. Feuerstein (2013) menciona que o programa pode variar desde as aplicações na educação regular, como para trabalhar dificuldades de aprendizagem escolar, na educação especial, à formação de trabalhadores das diversas profissões.

---

[5] Pesquisa aprovada no Comitê de Ética-Cadastro no Plataforma Brasil segundo o número CAAE: 38570114.0.0000.5352.

Fonseca descreve que após uma revisão da literatura de trabalhos e programas cognitivos chegou-se à conclusão que:

> [...] a grande quantidade de pesquisas efetuadas com o programa de enriquecimento instrumental (PEI), na América do Norte e do Sul, na Europa e em Israel, com jovens portadores de deficiência mental educável, com jovens privados culturalmente e socialmente desfavorecidos ou com dificuldades de aprendizagem, defende e sugere que os instrumentos deste programa de enriquecimento cognitivo são validos para o objetivo em estudo, isto é, produzem efetivamente mudanças quantitativas e qualitativas nas competências cognitivas (FONSECA, 2002, p. 15).

Nesse sentido, surgiu o interesse em trabalhar com os profissionais com formação em diferentes áreas, entre elas, Contabilidade, Administração, Informática, Direito e Economia. Todos os professores lecionavam em cursos profissionalizantes. O que os difere é que alguns apresentavam anos de vivência da profissão e pouca ou quase nenhuma experiência em sala de aula. O principal ponto que os une é a habilidade de trabalhar a teoria e a prática e, como dito por eles, uma grande aspiração de ser um "bom professor"[6].

Escolha dos instrumentos

Objetivo principal do PEI é aumentar a capacidade do indivíduo para aprender. Trabalha com objetivo de desenvolver funções cognitivas. O programa é composto por um material que é formado por 14 instrumentos, que são divididos no nível I e nível II, pelo fato de o aumento significativo da complexidade, abstração e eficácia que os instrumentos vão exigindo até o final da sua aplicação. Para a atividade proposta, foram trabalhados três instrumentos do nível I, os instrumentos que apresentam o objetivo da necessidade do trabalho são: Organização de Pontos, Comparações e Percepção analítica. A carga horária foi de 40 horas, durante 10 sábados, com atividades de 4 horas cada sábado.

Coleta e análise de dados

O início da coleta de dados ocorreu no primeiro semestre de 2015. As atividades foram planejadas em quatro momentos, etapa 1, etapa 2, etapa 3 e etapa 4 as quais seguem descritas abaixo.

---

[6] A qualidade de bom professor foi um termo utilizado pelo grupo quando foi explicado aos participantes sobre o trabalho a ser desenvolvido. Para o grupo, "bom professor", é aquele que reúne competência técnica e sabe trabalhar o conteúdo em sala, além de saber se relacionar com os alunos.

Etapa 1

Primeiro momento consistiu em observar as aulas para conhecer os ambientes de aprendizagem em que os professores se encontravam. Iniciamos a observação das aulas no dia 02 de fevereiro de 2015 e concluímos dia 26 de fevereiro de 2015. Organizamos o trabalho de observação seguindo os critérios: utilizar o mesmo formulário de indicadores antes e após a aplicação do PEI. Seguimos os critérios de observar a mesma turma/curso para cada professor, a mesma carga horária – 10 aulas, equivalente a 10 horas para cada professor. Utilizar o mesmo formulário com descrição de indicadores de cada critério analisado, Intencionalidade e Reciprocidade, Transcendência e Significado. O período da tarde ou da noite, conforme o horário de trabalho de cada professor.

No período em que observamos as aulas, adotamos um formulário com indicadores quantitativos, que segundo Trzesniak (1998, p. 162), "a interpretação de um indicador corresponde a saber o que a informação resultante realmente significa, que resposta foi de fato obtida. É de certo modo, uma retroalimentação".

Durante a observação das aulas, foi utilizado o formulário com a descrição dos indicadores que descreve cada critério observado. O formulário seguiu uma escala de pontuação, (0) o indicador não aparece durante as aulas, (1) o indicador aparece raramente, (2) o indicador aparece com frequência, (3) o indicador aparece de forma explícita e frequente (4) o indicador aparece de forma clara e se aprofunda. Consta como anexo neste trabalho.

No decorrer da observação das aulas, o formulário foi preenchido pela pesquisadora, com o intuito de coletar o máximo de informações relacionados ao indicador. A dinâmica das aulas observadas compreendeu analisar os três critérios juntos. Conforme o autor da EAM, Reuven Feuerstein (2013), para gerar um ambiente de aprendizagem mediada é imprescindível a presença dos três critérios considerados universais. A aprendizagem mediatizada compreende uma presença equilibrada dos indicadores dos critérios intencionalidade e reciprocidade, transcendência e significado.

Etapa 2

O início da vivência da mediação, ou a aplicação dos Instrumentos do PEI, iniciou no mês de março de 2015, mês de abril e finalizou no segundo sábado de maio de 2015. Foram trabalhados 10 sábados de 4 horas cada um. O planejamento das atividades proporcionou trabalhar 12 horas cada instrumento. Planejamos para o último sábado, 4 horas para reflexões e socialização acerca do que pensam os professores sobre a vivência da mediação e as mudanças percebidas por eles no exercício da prática pedagógica.

No decorrer das atividades de aplicação do programa de enriquecimento instrumental, os exercícios foram sendo acompanhados e mediados, apoiados numa interpretação subsidiada por uma "apostila guia" escrita por Feuerstein e Hoffman, que é indicada para acompanhar o trabalho do medidor durante a aplicação dos instrumentos do PEI.

A seguir contextualizamos a dinâmica da vivência da mediação, ou a aplicação do PEI, apresentando os instrumentos utilizados no decorrer dos encontros.

Organização de Pontos

Esse instrumento compõe-se de 16 páginas, todas elas constituídas de tarefas na modalidade figurativa. As folhas seguem um padrão com um desenho modelo no canto esquerdo superior da folha. As tarefas apresentam um grau médio de abstração e gradativamente aumentam o seu grau de complexidade. O instrumento Organização de Pontos foi aplicado por completo.

Percepção Analítica

O instrumento é dividido em unidades, com tarefas que exigem a identificação de análise e síntese como operações mentais. O instrumento é constituído por 25 páginas, que se dividem em unidades de dificuldade e complexidade crescentes. As folhas aplicadas do instrumento Percepção Analítica foram, unidade I até a unidade VI, correspondente da página 1 à página 20.

Comparações

O instrumento é composto por 16 páginas, com tarefas apresentadas nas modalidades de linguagem figurativa, pictórica e verbal-escrita. A complexidade das tarefas vai aumentando na medida em que os processos cognitivos requeridos exigem maior grau de abstração para comparar, encontrar semelhanças e diferenças. O instrumento Comparações foi aplicado por completo.

O aprendizado da mediação é apresentado nos resultados, nos quais os pesquisadores socializam uma pequena parte do processo de mediação vivenciado pelos professores no momento da aplicação do PEI.

Etapa 3

Contudo, somente observar as atividades e vivenciar a experiência do PEI não contribuiria o suficiente para uma análise, era preciso descrever as condições, as reflexões provocadas e a aplicação daquilo que foi aprendido pelos professores.

Ao concluir a aplicação dos Instrumentos do PEI, as aulas voltaram a ser observadas, com o intuito de darmos continuidade ao trabalho, agora, tendo como foco observar as aulas focada nos indicadores após a aplicação do PEI. O início da observação das aulas iniciou na terceira semana de maio e terminou na última semana de junho de 2015. Para observar as atividades desenvolvidas em sala de aula, seguimos os critérios adotados na etapa 1, observar o mesmo professor na mesma turma/curso, total de carga horária de 10 aulas que equivalem a 10 horas[7] e utilizar o mesmo formulário com os indicadores.

Ao observar as aulas, os indicadores eram verificados nas atividades, e após preenchidos pela própria pesquisadora no formulário individual para cada professor. O formulário seguiu uma escala de Likert[8], com a pontuação de presença de indicadores de cada critério do formulário utilizado, de acordo com: 0: não aparece o indicador durante a aula; 1: o indicador aparece raramente durante a aula; 2: o indicador aparece com frequência; 3: o indicador aparece de forma explícita e frequente; 4: o indicador aparece de forma clara e se aprofunda.

As análises do formulário com pontuação de indicadores, foi analisado após concluir a observação de todas as aulas dos professores, seguimos uma regra que ao concluir a observação da etapa 1 com todos os professores, faríamos as análises. Quando concluíssemos as 40 horas de vivência da mediação, voltaríamos para observar as aulas novamente, e por último, após observar todos os professores iniciamos as análises.

---

[7] 10 horas.

[8] A escala de Likert é o modelo mais utilizado e debatido entre os pesquisadores e foi desenvolvido por Rensis Likert em (1932) para mensurar atitudes no contexto das ciências comportamentais. A escala de verificação de Likert consiste em tomar um construto e desenvolver um conjunto de afirmações relacionadas à sua definição, para as quais os respondentes emitirão seu grau de concordância.

Etapa 4

De posse de todos os formulários preenchidos individualmente de cada professor, iniciamos as análises.

A interpretação dos dados seguiu uma linha de corte entre os indicadores para nos certificarmos se ocorreram modificabilidade, mudança ou aprendizagem significativa. Bauer e Gaskell (2013, p. 22) escrevem que "[...] tem havido muita discussão sobre as diferenças entre pesquisa quantitativa e qualitativa", de modo geral, há [...] um esforço para superar tal polêmica entre as duas contradições de pesquisa social aparentemente competitivas". O pensamento de Bauer e Gaskell (2013), sobre a afirmação de que não há quantificação sem qualificação e não há análise estatística sem interpretação, foi sendo percebido e confirmado por nós, durante a pesquisa.

A partir dessa constatação e do rumo que tomou a pesquisa, foi necessário levantar informações quanto à permanência da mudança, pois, segundo Feuerstein, Feuerstein e Falik (2014, p. 44), [...] as mudanças estruturais que são produzidas não são idênticas em magnitude ou qualidade", diferem-se de uma situação para outra e de aprendiz para aprendiz. Para constatarmos tal comprovação, analisamos a frequência que os parâmetros da mudança, descritos como a permanência, resistência, flexibilidade e generalização, relacionavam-se e se preservavam entre os indicadores avaliados.

Para dizer se ocorreu modificabilidade ou não, foi necessário mensurar a constância e a sucessão com que cada indicador aparecia, se tornava explícito e se aprofundava, conforme a escala com a pontuação de presença de indicadores de cada critério do formulário utilizado, de acordo com: 0: não aparece o indicador durante a aula; 1: o indicador aparece raramente durante a aula; 2: o indicador aparece com frequência; 3: o indicador aparece de forma explícita e frequente; 4: o indicador aparece de forma clara e se aprofunda.

Como o formulário seguiu a escala de Likert, que, segundo, Silva Júnior e Costa (2014), é utilizado para mensurar atitudes no contexto das ciências comportamentais. Para os autores, a mensuração numérica pode ser realizada para capturar a essência do objeto mensurado, e visa facilitar a manipulação de dados.

O formulário contendo indicadores de aprendizagem, representavam a informação desejada para aquele critério específico, que segundo Trzesniak (1998, p. 13), "valores de referência para um indicador, [...] podem muitas vezes identificar para eles valores específicos, dotados de significados".

No momento da observação, buscamos em cada indicador a relação, a interpretação e a relevância dele com o conteúdo, com as atividades ou com os exercícios em sala. Observamos a clareza com que se apresentava e as suas características, neste caso representado na escala de 0 a 5.

Na observação da aula dos professores, atribuímos um valor para cada indicador, numa escala acrescente de conceito, dessa forma calculamos a média que foi atribuído em todos os indicadores de cada critério. Ao final calculamos uma média geral dos três critérios juntos.

Considerando a importância de cada indicador que compunha o critério, adotamos como a importância de cada indicador que compunha o critério, adotamos como regra que para ocorrer modificabilidade era necessária a avaliação do indicador se manter sempre entre 2 e acima de 2: conceito equivalente ao indicador aparece com frequência. Os indicadores que se mantiveram abaixo de 2 não demonstram relação existente entre os indicadores, o que comprova que sua relação não apresentou vínculo com os demais. De posse dos resultados coletados quantitativamente, representados por gráficos, iniciamos uma análise qualitativa destes resultados, uma vez que, para Bauer e Gaskell (2013, p. 26), "é necessário uma visão mais holística do processo de pesquisa social, para que ela possa incluir a definição e a revisão de um problema, sua teorização, a coleta e a análise de dados e a apresentação de resultados".

Organizamos os resultados com uma análise conjunta do grupo de professores, contemplando os três critérios: intencionalidade e reciprocidade, transcendência e significado. Na sequência, as análises são representadas por gráficos, relacionadas aos indicadores, construídos com base nas questões de cada critério, e mostram a evolução do antes e após a aplicação. As análises e interpretação dos gráficos foram realizadas de acordo com a literatura pesquisada, presente neste trabalho.

INTELIGÊNCIA E APRENDIZAGEM NA PERSPECTIVA COGNITIVISTA

A necessidade de repensar muitos dos princípios pedagógicos até agora conhecidos e buscar novas alternativas para superar limitações de aprendizagem que envolvem soluções comuns para problemas educacionais é um desafio renovador que exige certo tempo para formação e assimilação. Como contribuição teórica e metodológica buscamos, na TMCE e na EAM, o auxílio de um programa de intervenção cognitivo, PEI como proposta complementar para muitos dos problemas pedagógicos vivenciados pelo professor. A partir dessa compreensão, conceituamos a inteligência e a aprendizagem na visão dos autores que serviram de base para a construção da teoria da MCE e da EAM.

Mediante o enfoque trazido, nos propomos a tematizar a aprendizagem significativa, que tem forte relacionamento com as teorias: modificabilidade cognitiva e aprendizagem mediada, nos principais elementos investigados nesta pesquisa, o aluno, o professor, o ensino e a aprendizagem.

Sob este olhar, a questão problema que surge neste contexto de pesquisa *é investigar no grupo de professores o aprendizado ocorrido na prática pedagógica após a aplicação de um programa de desenvolvimento cognitivo – PEI.*

Inteligência

Há um conjunto vasto de teorias sobre o que seja inteligência, ainda não temos uma definição consensual, explica Gomes (2010), o que já sabemos é que a inteligência é um conjunto de habilidades em uma estrutura hierárquica de vários níveis. A inteligência é composta por um fator geral e por várias habilidades amplas e especializadas. Para os construtivistas, a genética não é mais vista como determinante, mas ela pode ajudar a pessoa a estar mais ou menos aberta para o ambiente e para aprender.

O conceito de inteligência segundo o dicionário epistemológico, o termo refere-se à "faculdade de compreender, rapidez de apreensão mental" (CUNHA, 2010, p. 361). Este conceito despertou o interesse em "filósofos e teólogos como São Tomás de Aquino e Santo Agostinho, que acabam por definir inteligência como dádiva divina inata e adquirida" (FONSECA, 1998, p. 14). Para os filósofos, o interesse investigativo mostra que a necessidade de compreender mais a fundo a complexidade da inteligência humana e as variáveis que integram este processo relacionado à capacidade do ser ao longo do tempo na sua evolução filogenética[9] e ontogenética[10], não é recente. Compreender a natureza da inteligência é uma investigação que teve início no século XVII, entre duas posições filosóficas, o empirismo iniciado com Locke e Bacon e o racionalismo de Descartes. O termo empirismo advém da palavra grega empeiria, que significa experiência. O empirismo é uma corrente filosófica para o qual "a experiência é um critério ou norma de verdade" (ABBAGNANO, 2012, p. 379). O empirismo defende que toda a nossa estrutura cognitiva é formada com base na experiência prática, de modo que, quanto mais vastas, intensas e ricas as nossas experiências, mais amplo e profundo torna-se o nosso conhecimento.

O racionalismo é um conceito que se refere à razão (ABBAGNANO, 2012, p. 967). Para o racionalismo, todas as ideias que temos têm origem na pura racionalidade, o que impõe também uma concepção inatista, isto é, de que as ideias têm origens inatas no ser humano, nascendo conosco em nosso intelecto e sendo usadas e descobertas por nós por meio da razão.

Tendo feito essa apresentação das diferenças entre as duas correntes filosóficas, outras teorias surgem sobre a inteligência e o pensamento humano advindas de diferentes campos.

Para Gomes (2007), existe uma corrente de pensamento constituída por profissionais do campo da psicologia cognitiva e do desenvolvimento que juntamente à filosofia da mente, propõe um movimento de ensino voltado para o desenvolvimento de habilidades do pensamento. Segundo o autor, "[...] o foco do pensamento se encontra nas habilidades do pensamento. Habilidades do pensamento são ações da própria mente, processos cognitivos" (GOMES, 2007, p. 24). O autor coloca que numa visão bastante otimista, Feuerstein foi fortemente influenciado por uma corrente de pensamento que compreende que a inteligência pode ser alterada e modificada. Sua compreensão sobre o que é inteligência decorre de uma abordagem filosófica, pois a define "como habilidade de pensar de forma adaptável em resposta as mudanças em nosso ambiente" (FEUERSTEIN; FALIK, 2014, p. 25).

Fonseca (1998, p. 37), entende "a inteligência como um sistema total composto por vários subsistemas ou módulos parciais integrados, inter-

[9] Filogenética, termo *genético* empregado para conceituar, gênese, origem ou nascimento.

[10] Ontogenética" é o termo utilizado para estudos das origens e desenvolvimento de um organismo desde sua concepção.

relacionados, hierarquizados, equilibrados e adaptados". O autor define a cognição como um processo mental superior. O conhecimento, a consciência e a inteligência, fazem parte deste sistema complexo de componentes mentais.

Para o autor, a educabilidade cognitiva a partir da perspectiva estruturalista piagetiana, marcou a educação contemporânea. Esta perspectiva ganhou um enfoque na propensão de uma estrutura ativa, hierarquizada e dinâmica, que pode ser desenvolvida e trabalhada, contrapondo-se ao enfoque de inteligência que mede o desempenho cognitivo de uma pessoa, o Quociente de Inteligência – QI. Essa constatação sobre inteligência com base em resultados de testes para medir a capacidade intelectual foi utilizada por Alfred Binet[11] (1859-1911) no século XX. O psicólogo francês Alfred Binet, influenciou severamente o entendimento sobre dificuldade de aprendizagem e como trabalhar para a busca de melhores resultados. Segundo Fonseca, a compreensão dos primeiros estudiosos sobre o assunto foi de suma importância para abrir portas para outros pesquisadores compreenderem o cérebro e constatarem uma nova ciência para a aprendizagem. O surgimento de novas compreensões da natureza da inteligência humana dos autores Piaget, Gardner e Bruner influenciou a criação da TMCE e da EAM de Reuven Feuerstein, é a partir desses autores que discorremos o conceito de inteligência.

Primeiro, o conceito piagetiano de inteligência difere da abordagem tradicional mensurável. Piaget se fundamenta numa teoria que percebe a inteligência como processual, funcional, operativa e adaptativa, que valoriza o sujeito diante de uma situação problema e não mediante apresentação de respostas.

> [...] Em vez de descrever a inteligência como uma qualidade ou quantidade relativamente fixa, Piaget a descreve como *um móbile* – ou seja, como algo que se modifica (ou muda). A inteligência, argumenta ele, existe *na ação.* [...] a inteligência é a propriedade da atividade que é refletida maximamente no comportamento adaptativo e pode, em consequência disso, ser compreendida como o processo inteiro de adaptação. [...] adaptação é o processo de interagir com o ambiente assimilando seus aspectos à estrutura cognitiva e modificando (ou acomodando) aspectos da estrutura cognitiva em relação a ele (LEFRANÇOIS, 2008, p. 248-249).

---

[11] Psicólogo, que contribuiu para o desenvolvimento de testes para avaliar a inteligência pelo Quociente de Inteligência (abreviado para QI, de uso geral), que é uma medida obtida por meio de testes que avaliam as capacidades cognitivas (inteligência) de um sujeito, em comparação ao seu grupo etário.

Bruner (1991) afirma que se pode entender o conceito de inteligência como um desenvolvimento com base na evolução aloplástica e não autoplástica. Segundo Fonseca (1998), o desenvolvimento da espécie humana dependeu de três tipos de representações: a ativa, a iconográfica e a simbólica. Ainda, segundo Fonseca (1998, p. 21), "a evolução do cérebro humano, e por analogia e inerência a evolução da inteligência, só se pode entender segundo este autor, devido às pressões seletivas provocadas pelo bipedalismo e pelo consequente uso de ferramentas e instrumentos".

Lefrançois reforça a ideia de inteligência e cérebro associadas a evolução do ser humano, num processo natural, marcado pela sua própria condição, conforme referenciou:

> [...] mais importante ainda, o cérebro levou ao desenvolvimento da linguagem e da cultura – e consequentemente à possibilidade de compartilhar informação entre os indivíduos e transmiti-la ao longo das gerações. Assim, embora a matéria-prima de nosso sistema nervoso possa ser um produto da evolução, da transmissão genética, o produto de nosso cérebro é transmitido de outras formas, muitas das quais dependem da linguagem ou de outros sistemas simbólicos (LEFRANÇOIS, 2008, p. 224).

Feuerstein, Feuerstein e Kozulin (1997, p. 93) fazem uma relação entre inteligência e o desenvolvimento das diversas culturas: "tanto os povos antigos, iletrados, quanto os povos considerados desenvolvidos, apresentam as mesmas funções cognitivas da espécie humana e um pensamento complexo". O que os difere é a interação com que o sujeito responde à intervenção externa.

Assim, a inteligência é definida por Feuerstein "como a habilidade de pensar de forma adaptável em resposta a mudanças em nosso ambiente. Isto tem um impacto decisivo para o ser humano com relação a habilidade de escolha, planejamento, tomada de decisões de forma racional" (FEUERSTEIN; FEUERSTEIN; FALIK, 2014, p. 25). A inteligência é considerada o instrumento geral do conhecimento.

Como instrumento geral, Gardner (2000) se opõe à concepção de que há uma única inteligência e tão contrário como este pensamento é a sua concepção que trata a inteligência em função de sete modos ou classes diferentes de conhecer o mundo. Gardner (2000) argumenta que a capacidade humana pode ser transferida para as sete inteligências humanas consideradas por ele, inteligência corporal e cenestésica, inteligência espacial, inteligência linguística, inteligência lógico-matemática, inteligência musical, inteligência intrapessoal e inteligência social.

Gardner se utiliza da teoria das inteligências múltiplas, para mostrar que o ser humano passa por trajetórias evolutivas, e que a aquisição e a expressão da informação fazem parte de um processo dependente de estruturas cognitivas que se manifestam a partir de múltiplas e flexíveis habilidades intelectuais.

A partir da sensível forma de perceber o mundo, Ausubel, Novak e Hanesian (1980) se referem à inteligência como a existência de uma estrutura na qual a organização e a integração de ideias se processam. A estrutura cognitiva age por meio de um processo de integração no qual os conceitos novos se integram com os já existentes na estrutura cognitiva, sempre num movimento de integração e modificação.

A aptidão intelectual, ou inteligências, para Ausubel, Novak e Hanesian (1980, p. 213-214), "é influenciada por fatores genéticos que determinam várias aptidões intelectuais, como fatores internos e externos, como motivação estimulação ambiental, a cultura e a classe social". O construto da inteligência é derivado de um conjunto particular de operações de medida, é uma abstração que não possui existência real, apenas é manifestada por meio das operações constitutivas.

Marina (2009) propõe a teoria da inteligência criadora, onde a inteligência é definida por ele como capacidade de resolver, a aptidão para organizar comportamentos, descobrir valores, inventar e sustentar projetos. "Inteligência é saber pensar, mas também ter vontade ou coragem de fazer isso. Consiste em comandar nossa atividade mental para se ajustar à realidade e para transbordá-la" (MARINA, 2009, p. 6).

Na visão de Marina (2009, p. 118), "criar é submeter as operações mentais a um projeto criador". A arte não depende de operações novas, mas de um objetivo novo que conduz um uso diferente das operações mentais. Essa função ativa da inteligência permite que o indivíduo usufrua durante toda sua vida das atividades mentais, pois elas estão sofrendo transformações contínuas, e isso nos garante uma capacidade enorme de mudanças diante das situações que exige planejar e tomar decisão.

Marina (2009, p. 9) defende que "a inteligência[12] nos permite conhecer a realidade.

[12] Marina (2009) argumenta que a teoria da inteligência criadora é capaz de problematizar, definir seus próprios objetivos, elaborar projeto e assim, ampliar e transformar a realidade.

Graças a ela sabemos a que devemos nos ater e podemos ajustar nosso comportamento ao meio. Adapta-se ao meio adaptando o meio às suas necessidades. O autor se opõe "a tese geralmente aceita de que a inteligência é simplesmente a capacidade de realizar operações mentais diversas para resolver problemas e atingir objetivos". Ele explica, que "é preciso conhecer o modo humano de ser sujeito" (MARINA, 2009, p. 7).

Sobre essa afirmação, Marina (2009, p. 13) define "a inteligência humana é uma inteligência computacional que se autodetermina. E esta habilidade de interiorizar os sistemas de controle produz uma transformação surpreendentemente de todas as outras faculdades".

Concordamos com Fonseca (2002, p. 20), quando argumenta que "em síntese, não há uma definição única ou ideal de inteligência ou cognição". No entanto, a inteligência apesar da dificuldade de descrevê-la, com base na compreensão cognitivista, entendemos que o desenvolvimento da cognição emerge da concepção que concebe a inteligência humana como um construto flexível e modificável que se desenvolve e se adapta ao longo do seu percurso histórico-social.

Aprendizagem

Segundo o dicionário de filosofia, o conceito que a psicologia moderna dá ao aprendizado ou aprendizagem, refere-se à "mudança de comportamento, ou seja, mudança nas respostas de um organismo ao ambiente, que melhore tais respostas com vistas à conservação e ao desenvolvimento do próprio organismo" (ABBAGNANO, 2012, p. 85). É possível encontrar no vocabulário dos programas cognitivos o conceito de aprender relacionado a um "processo pessoal do sujeito, orientado para aquisição de conhecimentos e para o desenvolvimento" (TEBAR, 2011, p. 521).

De acordo com as teorias construtivistas, a compreensão de Aprendizagem decorre da compreensão do que seja inteligência. Os dois principais autores que fundamentam a teoria da MCE e da EAM, Piaget e Vygotsky, seguem uma abordagem construtivista do conceito de aprendizagem, segundo os autores a aprendizagem decorre de condições internas e externas. Não se pode negar que existe uma diferença entre o pensamento de Piaget e Vygotsky. A diferença consiste no sentido da aprendizagem atribuída para os fatores internos e externos e principalmente no papel da linguagem e a relação entre linguagem e pensamento. Porém o conceito de aprendizagem recebeu notável contribuição dos dois autores. O conceito de aprendizagem na TMCE e na EAM, foram influenciadas segundo o pensamento piagetiano/vygostkyano.

Questões importantes sobre o conceito de aprendizagem são similares entres os autores Piaget e Vygostky. Piaget pensa no processo de aprendizagem olhando para dentro do indivíduo, Vygostky olha para fora. Piaget considera as fases, Vygotsky considera a estrutura cognitiva e a mediação. Para Piaget (1973), a aprendizagem acontece por meio de um processo gradual que se torna possível pela via da assimilação e acomodação[13]. A assimilação decorre de um processo cognitivo, onde o sujeito busca reunir as informações vindas do meio a fim de aumentar seu conhecimento. No decorrer do processo, há uma seleção natural dos principais conteúdos que são controlados pelas estruturas mentais que existem previamente no sujeito. O processo de acomodação permite uma organização mental que recebe as informações para que sejam assimiladas pelo sujeito conforme o seu nível de maturação; a experiência ativa, equilibração e interação social são forças que moldam a aprendizagem. O esquema apresenta-se como um conjunto de ações interiorizadas, as quais podem ser repetidas e generalizadas com a finalidade de se adequar às situações desafiadoras encontradas no ambiente e utilizadas pelo sujeito.

Para Vygotsky (1984, p. 42), o desenvolvimento é condição para aprendizagem. "O uso de signos à categoria de atividade mediada, uma vez que a essência do seu uso consiste em os homens afetarem o seu comportamento através dos signos". Assim, o comportamento não pode ser concebido em processos reativos, nem pode subestimar ou desvalorizar o papel ativo e transformador do sujeito na aprendizagem. O desenvolvimento humano tem origem social e envolve uma interação e uma mediação qualificada entre os elementos da sociedade. O desenvolvimento das funções superiores exige a interiorização de instrumentos e de signos num contexto de interação.

A aprendizagem humana pressupõe uma natureza social específica. Ela depende do desenvolvimento prévio e anterior, ao mesmo tempo em que depende do desenvolvimento proximal do sujeito. Ausubel, Novak

[13] Piaget preconizou dois conceitos elementares em sua teoria: assimilação e acomodação. O conceito de assimilação fundamenta-se pela capacidade da estrutura cognitiva do indivíduo de atuar no ambiente. O organismo assimila a realidade à sua maneira, ou seja, de acordo com a sua capacidade interna. Neste aspecto a estrutura cognitiva também é mobilizada e modifica-se em função dos objetos da realidade. O conceito de acomodação é definido como a capacidade que a estrutura cognitiva apresenta para ser modificada pelo mundo, por meio dos objetos que interagem com o indivíduo.

e Hanesian (1980) esclarecem que, para que ocorra aprendizagem significativa, são necessárias duas condições essenciais: o ser humano aberto para aprender e o meio potencialmente significativo. As ideias-âncoras pré-existentes na estrutura cognitiva, quando mobilizadas, são relevantes para gerar um novo conhecimento, ou seja, quando ativamos um subsunçor existente na nossa estrutura de conhecimento, permitimos dar um significado a um novo conhecimento que pode ser construído ou reelaborado pelo sujeito.

Ao falar de evidência da aprendizagem significativa, Ausubel, Novak e Hanesian (1980, p. 122) argumentam que "nem sempre é fácil demonstrar quando ocorre aprendizagem significativa. Uma compreensão genuína implica o domínio de significados claros, precisos, diferenciados e transferíveis". A aprendizagem significativa envolve um amplo processo, em que a pessoa vai incorporando conhecimento aos já existentes, dando um novo significado na ancoragem, permitindo o inter-relacionamento hierárquico de maneira organizada, dinâmica e progressiva. Ausubel, Novak e Hanesian (1980, p. 122) reiteram que "uma outra consequência importante da incorporação arbitrária e literal na estrutura cognitiva de material de aprendizagem é que a *associação* constitui necessariamente o mecanismo básico da aprendizagem-retenção".

Ainda no âmbito da aprendizagem significativa, "o ensino e a aprendizagem não são extensivos – o ensino é somente uma das condições que podem influenciar a aprendizagem. Consequentemente os alunos podem aprender sem serem ensinados" (AUSUBEL; NOVAK; HANESIAN, 1980, p. 12). A aprendizagem significativa decorre de sucessivas interações de um dado subsunçor que vai progressivamente gerando novos significados, devido à condição da inteligência humana de permitir servir de ancoradouro para novas aprendizagens.

Ausubel, Novak e Hanesian (1980, p. 122) explicam que constatar quando ocorreu aprendizagem significativa requer habilidade e atenção para se perceber. "A solução de problemas bem sucedida requer muitas outras capacidades e qualidades assim como poder de raciocínio, flexibilidade, improvisação, sensibilidade de problemas e astúcia tática para compreender os princípios subjacentes". É uma capacidade que exige de ambas as partes, professor e aluno, um profundo envolvimento que representa o estilo cognitivo, que se refere a diferenças individuais autoconsistentes e permanentes na organização e funcionamento cognitivo.

Assim, podemos compreender que a aprendizagem no modelo cognitivista integra uma combinação de fatores cognitivos, afetivos e motivacionais, como define Jarvis.

> A aprendizagem humana é a combinação de processos ao longo da vida, pelos quais a pessoa integra – corpo (genético, físico e biológico) e mente (conhecimento, habilidades, atitudes, valores, emoções, crenças e sentidos) – experiência as situações sociais, cujo conteúdo percebido é transformado no sentido cognitivo, emotivo ou prático (ou por qualquer combinação) e integrado à biografia individual da pessoa, resultando em uma pessoa continuamente em mudança (ou mais experienciada) (JARVIS, 2013, p. 35).

A aprendizagem humana é assim entendida como uma mudança de comportamento provocada pela associação de todos esses processos, e emerge de uma relação mediatizada por uma relação indivíduo-meio, onde o conhecimento e as crenças culturais são transmitidos às gerações futuras, promovendo nelas zonas mais amplas de desenvolvimento cognitivo.

Neste capítulo, argumentamos com base nos autores o que é inteligência e o que é aprendizagem. Com base nestas formulações conceituais, nossa compreensão sobre inteligência e aprendizagem, segue uma abordagem cognitiva, que nos inspira acreditar que a inteligência é um conjunto de processos cognitivos com componentes baseados em operações mentais e funções cognitivas, quando ativados no indivíduo, avivam outro processo, o da aprendizagem, considerado por nós de caráter individual subjetivo e elaborado pela pessoa.

A mobilização da aprendizagem ocorre pelo ensino, por exposição direta ou por interações sociais que ocorrem por meio da assimilação e acomodação progressiva do conteúdo estudado. Esses componentes cognitivos da arquitetura mental[14] quando articulados exercem um papel constitutivo na aprendizagem humana, pois é um processo que ocorre não apenas dentro da pessoa, mas também no nível da interação externa, evolvendo fatores afetivos e mediacionais. Para Feuerstein, Feuerstein e Falik (2014, p. 41) "a mudança estrutural afetará o aprendizado e o comportamento de forma profunda, sustentável e autoperpetuável".

Tébar (2011), considera que a mudança muitas vezes ocorre primeiro no processo de elaboração mental e em seguida, atinge os processos de

[14] A arquitetura mental refere-se a módulos ligados ao processamento central da mente, compreende a flexibilidade, a emoção e a fluidez cognitiva.

aprendizagem. A integração fica mais evidente quando atinge situações mais complexas de aprendizagem, estendendo-se para novas competências, atitudes, valores ou procedimentos e técnicas.

De acordo com Varela (2007, p. 106), "é necessário considerar que o organismo funciona como o centro de uma complexa rede de interações, formadas por fatores biogenéticos, culturais, experimentais e emocionais". Assim, o conceito de mudança se refere às alterações que o organismo sofre em decorrência do surgimento de uma nova situação que requer adaptabilidade e mudança de um estado para outro. Esse fenômeno que ocorre no organismo é o que chamamos de modificabilidade, pois tem repercussão na estrutura como um todo, e não se limita apenas a estrutura cognitiva.

Teoria da Modificabilidade Cognitiva Estrutural (TMCE)

As bases teóricas das abordagens de Reuven Feuerstein são aqui apresentadas sob um enfoque não só intelectual da capacidade humana, mas, acima de tudo, na ênfase que ele deu nas correntes teóricas denominadas interacionistas. O Construtivismo de Piaget[15] e o sociointeracionismo de Vygotsky[16] constituem os sustentáculos teóricos que forneceram subsídios para a Teoria da Modificabilidade. Desse modo, todos os pressupostos teóricos da proposta baseiam-se na relação entre o homem e o mundo não ser direta, mas mediada, reconhecendo a essência biológica e social do ser humano e sua relação dialética.

Nesse aspecto, a TMCE parte da premissa de que todo indivíduo é modificável e afirma que o fator determinante para o desenvolvimento das capacidades mentais é o tipo de interação do sujeito com o meio ambiente. Uma aprendizagem do tipo de exposição direta aos estímulos ou ao objeto de conhecimento não garante o desenvolvimento cognitivo. É necessária uma interação mediada, isto é, um mediador humano que se interponha entre o sujeito e o objeto de conhecimento, responsável por organizar, selecionar, interpretar e elaborar aquilo que foi experimentado, de acordo com as necessidades do sujeito mediado. De acordo com Feuerstein:

[15] Privilegia o meio, o comportamento dos seres vivos não é inato, nem resultado de condicionamentos, o comportamento é construído numa interação entre o meio e o indivíduo. Defende em sua teoria, que o indivíduo só recebe um determinado conhecimento se estiver preparado para recebê-lo. Ou seja, se puder agir sobre o objeto de conhecimento para inseri-lo num sistema de relações. Não existe um novo conhecimento sem que o organismo tenha já um conhecimento anterior para poder assimilá-lo e transformá-lo.

[16] Propõe em sua teoria a integração entre funcionamento cognitivo de caráter interno e processos de interação, de caráter externo. O homem é determinado por sua história, pelas condições socioculturais econômicas. Os homens transformam e se transformam por meio da interação, a linguagem é condição essencial para sua participação no mundo.

> Só os estímulos, por si só, não são capazes de desenvolver a inteligência. É necessária a intervenção de um mediador que potencialize a ação desses estímulos. E que principalmente saiba fazer isso. A exposição direta a estímulos representa uma garantia de que, de fato, o indivíduo exposto uma vez beneficiar-se-á quando confrontado novamente com esses estímulos? Que isso não é o caso, é evidenciado pela falta de flexibilidade manifesta por muitos indivíduos que, apesar de terem sido expostos a estímulos repetidos, continuam nas suas modalidades anteriores de resposta que não são adaptáveis a mudanças de condições (FEUERSTEIN, 2013, p. 91).

Na visão de Fonseca (2002), o processo de aprendizagem decorre das condições essenciais disponibilizadas pelo cérebro, essa condição interna, permite o processamento da informação, que é o responsável por receber, integrar, codificar e processar. Cada uma das atividades exercidas pelo cérebro está associada e envolvida com o processamento e a qualidade da aprendizagem.

Concepção do conceito de modificabilidade para Piaget e Vygotsky

Apreender o conceito de MCE facilita-nos a compreensão do quanto as ideias de Vygotsky e Piaget influenciaram a construção da teoria de Feuerstein na perspectiva histórico-cultural, da integração entre o funcionamento cognitivo interno e os processos de interação externos. Por meio dos estudos de Piaget, considerados revolucionários, por marcarem uma nova era no campo educativo, investigando o funcionamento cognitivo interno, Feuerstein, encontrou bases para escrever sobre a construção das estruturas de inteligência pelo sujeito e a modificabilidade, quando operadas a partir do funcionamento das operações mentais e funções cognitivas.

As vertentes pedagógicas dos estudos do construtivista psicogenético Jean Piaget e do sociointeracionista Levy Vygotsky propiciaram os elementos necessários para a fundamentação da TMCE, que se apoia em três pilares, consequência de uma tripla ontogênese. Do ponto de vista evolutivo, é uma triangulação de três fatores essenciais para que ocorram desenvolvimento e aprendizagem, natureza biológica, interação e mediação. A partir da triangulação, é possível verificar os três componentes da ontogênese propostos por Feuerstein, que se referem: o primeiro, aos elementos biológicos, à genética, à hereditariedade e aos cromossomos, que são componentes fundamentais; o segundo, ao elemento sociocultural, proposto no esquema vygotskiano, que menciona a interação, o meio que se torna responsável por mediatizar as relações; e o terceiro fator, determinante da ontogênese, considerado por Feuerstein o mais humanizante, a Experiência de Aprendizagem Mediada, que no seu entender "[...] é o produto graças a um mediador humano, que se interpõe entre o estímulo sócio cultural e o organismo biológico modificando os elementos biológicos e da experiência da existência" (FEUERSTEIN, 2013, p. 68-69).

Seguindo seu raciocínio, o autor afirma que a:

> Teoria da Modificabilidade Cognitiva Estrutural e suas aplicações na mediação de alterações cognitivas na entrada, requer uma nova definição de inteligência e INPUT cognitivo como manifestações de um estado do organismo e não o resultado ou consequência de traços permanentes (FEUERSTEIN, 2013, p. 178).

A ideia de mediação na teoria de Vygotsky é ponto-chave para Feuerstein. A linguagem é condição essencial para que haja interação, ela possibilita a troca de experiências, cria um sistema de abstração e generalização a partir da comunicação. Para Vygotsky (1984), foi por meio da linguagem que o ser humano se aperfeiçoou, e tornou a linguagem um autêntico instrumento de mediação[17]. Para ele, o pensamento, por sua vez, é a relação do homem com o mundo, e foi por esse processo que as funções psicológicas se desenvolveram.

Na obra *Formação Social da Mente*, Vygotsky (1984) apontou a internalização como um processo que desencadeia transformações.

> Uma operação que inicialmente representa uma atividade externa é reconstruída e começa a ocorrer internamente. Um processo interpessoal é transformado num processo intrapessoal. A transformação de um processo interpessoal num processo intrapessoal é o resultado de uma longa série de eventos ocorridos ao longo do desenvolvimento (VYGOTSKY, 1984, p. 43).

O estudo de Feuerstein sobre a teoria da modificabilidade cognitiva estrutural só pode mostrar a sua eficácia quando a sua aplicação intervier na experiência da aprendizagem mediada. Daí decorrem manifestações originárias das teorias de Piaget e Vygotsky que foram transcendidas por Feuerstein, e transformadas num novo modelo de conceber a aprendizagem, sempre com o auxílio do mediador.

---

[17] Vygotsky (1984) argumentou que o efeito do uso de instrumentos sobre os homens é fundamental não apenas porque os ajuda a se relacionarem mais eficazmente com seu ambiente como também devido aos importantes efeitos que o uso de instrumentos tem sobre as relações internas e funcionais no interior do cérebro humano.

> A consequência da presença de um mediador é o destino para o organismo se habilitar, e incorporar em seu repertório de comportamentos uma ampla variedade de linhas de orientação e métodos que são consolidados em estratégias de aprendizagem, e constitui-se no pré-requisito para operações mentais de mais alto nível (FEUERSTEIN, 2013, p. 111).

Em Piaget, Feuerstein encontrou o embasamento necessário para fundamentar seus estudos mais teóricos sobre o desenvolvimento do organismo e do meio. Foi a partir dos estudos de Piaget sobre a construção das estruturas de inteligência pelo sujeito que Feuerstein encontrou bases para escrever sobre operações mentais e funções cognitivas.

Piaget (1973) sustenta que a gênese do conhecimento está no próprio sujeito, o pensamento lógico não é inato ou externo ao organismo, mas é fundamentalmente construído na interação homem-objeto. Ele descreve que a filogenia humana se dá por meio de um mecanismo autorregulatório particular da condição biológica inata, e, quando ativado, ocorrem a ação e interação do organismo com o meio ambiente físico e social. Ao buscar no modelo piagetiano a fundamentação teórica de que o homem é possuidor de uma estrutura biológica bastante complexa e que a maturação do organismo depende dos fatores biológicos[18], o desenvolvimento das estruturas mentais depende, sobretudo, da experiência com objetos e da equilibração do organismo com o meio.

Modificabilidade cognitiva estrutural para Feuerstein

As bases teóricas da MCE, conforme o nome indica, assentam-se na modificabilidade, na flexibilidade da estrutura cognitiva, e têm como principal pilar de sustentação o pressuposto de que o ser humano é dotado de uma mente flexível, aberta a mudanças e com propensão natural para aprender.

Feuerstein, Feuerstein e Falik (2014, p. 59) descrevem que "uma grande parte do nosso aprendizado (e o aprendizado de outros animais) ocorre por meio da experiência [...] somos potencialmente modificados pela exposição". Contudo, a exposição direta não realiza por completo a modificabilidade.

---

[18] Piaget postulou quatro etapas fundamentais para o desenvolvimento cognitivo. Cada fase apresenta-se com características diferenciadas. Período sensório-motor (até por volta dos 2 anos). Fase em que se formam as primeiras noções de objeto, espaço-tempo e causação. Período pré-operatório (por volta dos 2 aos 7 anos). Aquisição da linguagem e da representação mental. Período operatório concreto (por volta dos 7 aos 11 anos). Caracteriza-se pelo pensamento reversível. As operações mentais como seriações e classificações ganham estatuto de pensamento lógico. Período operatório formal (acima dos 12 anos). Desenvolve-se pelo desenvolvimento do pensamento formal. O pensamento sai do plano concreto e passa a ser determinando por meio de proposições e de enunciados (PIAGET, 1973).

"A Experiência de Aprendizagem Mediada é o que dá aos seres humanos a habilidade de se modificar e as ferramentas para aprender o que permitirá os benefícios da exposição direta ao mundo do estímulo" (FEUERSTEIN; FEUERSTEIN; FALIK, 2014, p. 59).

Sob essa perspectiva, o desenho proposto por Piaget (1973) do esquema **S-O-R** pareceu limitado para explicar o desenvolvimento cognitivo da pessoa e foi na teoria de Vygotsky que Feuerstein encontrou o elemento necessário para concluir o desenho, simbolizando a mediação, acrescentando o H, lembrando o mediador.

Vygotsky (1984, p. 31) menciona que "a estrutura de operações com signos requer um elo intermediário entre estímulo e a resposta. Esse elo, [...] cria uma nova relação entre o S e R". Em vista disso, é necessário o organismo aberto para receber os estímulos que produzirão efeitos diretamente sobre a pessoa e não sobre o estímulo.

Decorrente da mudança estrutural que acontece no indivíduo, conforme explicado nos esquemas de Piaget (1973) e Vygostky (1984), originou-se a teoria nominada por Feuerstein como Experiência de Aprendizagem Mediada, que veio acrescida do $\mathbf{S}_{H}\,\mathbf{O}_{H}\,\mathbf{R}$.

Teoria da experiência de aprendizagem mediada (EAM)

Para explicarmos como a interação humana motiva o desenvolvimento cognitivo e potencializa condições para a modificabilidade, é importante compreendermos o conceito de mediação e o aporte conceitual de mediação aplicado por Feuerstein na Teoria da Experiência de Aprendizagem Mediada.

Para o autor, toda a interação humana viabiliza-se pela mediação. Desse modo, vamos procurar explicitar melhor o conceito do que é mediação. O que é mediar?

O que é mediação?

No contexto filosófico, o significado do termo "mediação" se refere à função que relaciona dois termos ou dois objetos em geral. Tal função foi reconhecida como sendo própria: do termo médio no silogismo; das provas de demonstração; da reflexão; dos demônios na religião (ABBAGNANO, 2012). De acordo com Hegel (1991 *apud* ABBAGNANO, 2012, p. 756), é a reflexão em geral. "Um conteúdo pode ser conhecido como verdade", diz Hegel, "somente quando não está mediado com outro, não está determinado, media-se, portanto, consigo próprio e a relação imediata consigo próprio".

Os estudos sobre mediação permitiram a Feuerstein vivenciar sua própria teoria. Relatos do autor, encontrados nos depoimentos publicados em suas obras, dentre elas, livros de 1980, 2013 e 2014, traduzem sua concepção de mundo orientada a partir da sua vida. A experiência de aprendizagem mediada tem sua origem na experiência vivenciada por Feuerstein, quando teve seus primeiros contatos com crianças salvas do holocausto. Apesar de terem aprendido a sobreviver, essas crianças não tiveram suas capacidades cognitivas desenvolvidas, era necessário um olhar cuidadoso sobre essas crianças, pois, além de desvantagens intelectual, haviam sido privadas culturalmente[19].

Feuerstein (2013 *apud* TOMASELLO, 1999) descreve que a origem da experiência de aprendizagem mediada é a junção do processo evolutivo de natureza biológica somado ao processo de natureza sociocultural. Para que ocorra a superação das desvantagens intelectuais e inserção no ambiente cultural, para apropriação da linguagem, valores, normas e atitudes de um grupo social, a EAM é "um potente ingrediente que gera a modificabilidade humana, é o elemento humanizante necessário e vital do desenvolvimento humano" (FEUERSTEIN, 2013, p. 67). Sua teoria pode ser representada por meio do desenho constituído por Piaget e reelaborado por Feuerstein, nas bases da conceituação de mediação de Vygotsky. A mediação é representada pela figura do H que lembra o mediador[20]. A letra H aparece em dois momentos. De forma mais visível e representativa quando ele quer chamar a atenção para a presença do mediador de maneira intencional e planejada no processo. O outro momento é representado com a presença do mediador de maneira menos intencional, dando mais ênfase na autonomia do mediado, no seu processo de construção do conhecimento e metacognição. O esquema exposto por Feuerstein representa o modelo de experiência mediada.

---

[19] A expressão "privação cultural", para Feuerstein, relaciona-se intrinsecamente com a ausência de mediação em uma determinada sociedade. O indivíduo não se apropria, dela é privado.

[20] Para Feuerstein, os termos medidor e professor se diferem conceitualmente. O autor entende que o professor muitas vezes tem que transmitir conhecimentos e habilidades. O mediador promove uma interação intencional com quem aprende. O propósito é aumentar o entendimento para além da experiência imediata e ajudá-los a aplicar o que foi aprendido em contextos mais amplos.

Figura 1 – Modelo proposto por Feuerstein para gerar EAM

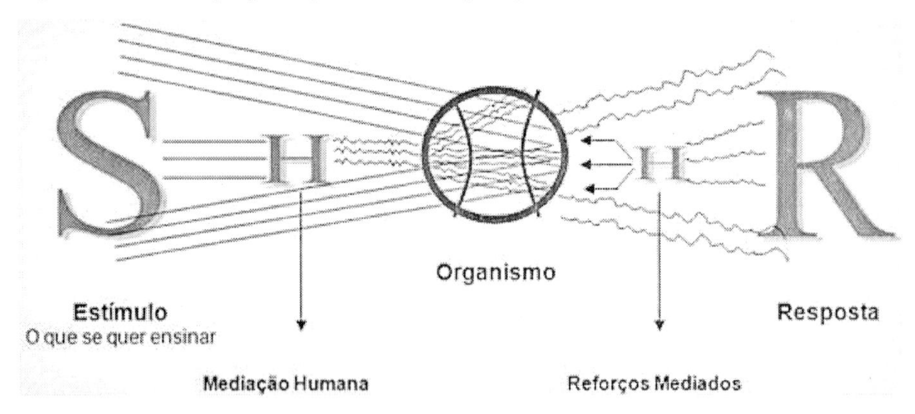

Fonte: Feuerstein (2013, p. 67)

A partir do desenho apresentado por Feuerstein, adentramos na TMCE e na TEAM, trazendo explicações detalhadas sobre a teoria. Um estudo mais centrado na aplicação do PEI nos permitirá descrever os processos de mudanças ocorridos no indivíduo como uma relação dialética, numa concepção de desenvolvimento e aprendizagem como processos que são interdependentes, e a aprendizagem é responsável por ativar os processos internos de desenvolvimento.

É por essa razão que Feuerstein dispendeu tanto esforço em construir uma teoria que fosse capaz de buscar aspectos históricos e socioculturais que comprovassem que o desenvolvimento da pessoa pode sofrer interferências do meio, e que os condicionamentos biológicos exercem uma influência sobre a inteligência e podem ser os responsáveis pelas dificuldades de aprendizagem.

Pode-se dizer que essa mútua relação entre o ambiente externo e os fatores biológicos individuais trouxe modificações essenciais para a educação, implicando num comportamento diferenciado quanto ao tratamento dado às ações educativas relacionadas direta ou indiretamente ao campo cognitivo e às possíveis propostas de intervenções psicoeducativas.

Essa distinção de conceitos e a confirmação científica de velhas ideias baseadas numa concepção inatista de inteligência foi posta de lado e deu espaço a uma ideia de inteligência relacionada à plasticidade e à flexibilidade do comportamento humano.

É a partir dessas discussões científicas que os estudiosos da área apontam novos caminhos para uma nova ciência da aprendizagem. Compreender o cérebro humano não é uma missão para o futuro, já está acontecendo. As comunidades científicas demonstram cada dia mais interesse, os estudos do cérebro e a ciência da aprendizagem se aproximam e juntos comprovam que a natureza do cérebro humano permite ao processo de aprendizagem ser permanente.

> Hoje não se tem dúvida nenhuma da utilidade e flexibilidade do cérebro e o fato que ele pode ser criativo num novo percurso, novas sinapses, novos agentes ou condutores de outras formas de ativar a neuroquímica. Esta revolução na neurociência tem trazido consequências importantes para a educação, para a terapia e a reabilitação para a difusão de uma visão do ser humano como uma entidade modificável (FEUERSTEIN, 2013, p. 65).

Essa noção de modificabilidade cognitiva é o marco inicial, e razão pela qual o autor acreditou numa concepção de inteligência baseada numa perspectiva intercultural que enfatiza a importância do papel exercido pelo mediador atrelado ao ambiente social, e por meio dele as faculdades intelectuais se ampliam e evoluem durante toda a vida: "é evidente que os cromossomos não têm a última palavra" (FEUERSTEIN, 2013, p. 68).

Critérios de mediação na EAM

Definida como uma qualidade da interação ser humano-ambiente que resulta nas mudanças introduzidas nesta interação por um mediador humano que se interpõe entre organismo receptor e as fontes de estímulos, surge a experiência de aprendizagem mediada.

Para que este ambiente seja preparado para dar condições à aprendizagem, três critérios considerados universais são essenciais para gerar um clima favorável à aprendizagem, por garantirem a qualidade da mediação em uma relação interativa. São eles: intencionalidade e reciprocidade, transcendência e significado. "Quando estes três parâmetros são claramente compreendidos e aplicados de modo apropriado, ocorrem mudanças significativas nos três componentes de interações: estímulos, o indivíduo e mediador" (FEUERSTEIN, 2013, p. 97-98). Os critérios competência, autorregulação e controle do comportamento, compartilhamento, individuação, planejamento de objetivos, desafio e automodificação são incorporados aos universais para complementar o processo de mediação.

A mediação de intencionalidade e reciprocidade refere-se à formação do vínculo entre mediador e mediado. É um fator considerado precípuo, porque traz as condições necessárias para o mediador interagir deliberadamente, selecionando e interpretando os estímulos adequados às necessidades intrínsecas do mediado.

Durante o processo de aprendizagem a intencionalidade deve ser compartilhada, para o mediado sentir-se valorizado e consciente do seu processo de aprender. Feuerstein, Feuerstein e Kozulin reforçam de maneira intencional que:

> [...] todo ato educativo deveria ser seguido por uma proposta intencional por parte do educador. Segundo ele, o educador deveria transmitir intencionalmente aos seus mediados algo que ultrapassa o objeto da tarefa, buscando demonstrar uma forma de fazer, interpretar e transcender a tarefa em si mesma. Essa intenção de aprendizagem significativa é fundamental para o processo de ensino-aprendizagem (FEUERSTEIN; FEUERSTEIN; KOZULIN, 1997, p. 107).

A mediação de significado consiste na transmissão mediada de valores, atitudes, crenças e cultura. A mediação do significado exige profunda mobilização afetiva, que perpassa o aqui e o agora e respalda-se no significado de valores éticos e sociais produzidos pela humanidade.

No contexto de Feuerstein[21], o significado é mediado no plano cognitivo e emocional. No nível cognitivo, o significado carrega valores e crenças que são mediados para gerar novos significados, possibilitando generalizações e transcendências. Quando o mediador foca a mediação na construção de significados, ele prepara o mediado para criar a sua própria visão e interpretação do mundo. A mediação do critério significado exige do mediador uma atitude que nunca é neutra, ela sempre vem carregada de intenções e valores.

A mediação de transcendência representa a ponte que tem como significado aproximar uma experiência de aprendizagem com outra, incluindo a necessidade por compreensão, por pensamento reflexivo e pela formação de um constante movimento que permite estabelecer relações entre as coisas, de maneira lógica, abstrata e complexa.

A transcendência desenvolve no mediado uma profunda compreensão do mundo, desenvolve a capacidade de perceber como as coisas estão interligadas, fazer analogias e princípios, que transcendem situações vivenciadas, para a projeção de relações futuras.

---

[21] Todo o ato educativo deverá ter uma intenção por parte do mediador, o mediado deverá receber e organizar internamente utilizando-se do desenvolvimento cognitivo. A transcendência pertence exclusivamente ao mediado, é momento em que ele vai tornar clara a relação entre aprendizagem atual e as anteriores. Significado representa o momento em que o mediado deixa de ser neutro, toma para si, envolve-se afetivamente e emocionalmente.

Mediar o critério transcendência envolve promover um pensamento reflexivo no mediado, para que ele possa alcançar a compreensão do que está implícito numa situação, produzindo uma expansão constante das relações espaciais e temporais, ampliando a sua visão episódica da realidade.

O mapa cognitivo é a representação do ato mental do sujeito que permite analisar o seu raciocínio e as dificuldades apresentadas na elaboração do pensamento e na operacionalização de uma dada atividade. O mapa contém sete parâmetros responsáveis por guiar o mediador e o mediado no processo mediacional. Essa espécie de guia descrita por Feuerstein é composta pelo conteúdo, modalidades ou linguagens, operações mentais, fases do ato mental, nível de complexidade, nível de abstração e nível de eficácia. Do ponto de vista funcional, o conteúdo manifesta-se no ato mental. Ele é um parâmetro importante no mapa cognitivo porque permite diagnosticar as dificuldades e falhas da operação mental.

Modalidades ou linguagens são as representações do ato mental. A partir da linguagem expressa pelo mediado, seja ela verbal, escrita e oral, ou não verbal, pictórica, numérica, figurativa, simbólica, gráfica ou gestual, ele interpreta e representa o mundo. E, a partir do resultado da sua interpretação, o mediador pode trabalhar no nível da operação mental deficiente.

O terceiro parâmetro é a operação mental, que é entendida por Feuerstein (2013) como o conjunto de ações internalizadas, organizadas e coordenadas, no que se refere a todas as informações que recebemos. Para cada uma dessas fases Feuerstein classifica as funções cognitivas que dão origem à operação mental.

Nível de complexidade diz respeito à quantidade e à qualidade de informação mobilizadas para produzir o ato mental. O nível de abstração corresponde à complexidade que a atividade exige para operar o ato mental, que pode exigir um nível alto, médio ou baixo de abstração. Quanto mais uma atividade exigir análise e síntese, maior será a transferência da aprendizagem.

O nível de eficácia pode ser mensurado pela precisão e desempenho que o mediado apresenta ao concluir uma atividade. Pode servir de resposta de como o mediado investe esforço, motivação e energia para realizá-la.

Operações mentais e funções cognitivas

Ao propor a teoria da MCE e da EAM, Feuerstein (2013) defende que o ser humano possui a capacidade de modificar a estrutura das suas funções cognitivas. Portanto, certos estímulos, para gerar aprendizagem, dependem da qualidade das informações que desencadeiam operações mentais e funções cognitivas. Na sequência explicaremos como as operações mentais e as funções cognitivas se envolvem no processo de aprendizagem e a sua manifestação.

Operações mentais

Para Feuerstein (2013), as operações mentais e funções cognitivas são entendidas como um conjunto de ações internalizadas, organizadas e coordenadas, no que se refere às informações que recebemos de fontes internas e externas. Quem opera as funções cognitivas são as operações mentais. Funções cognitivas são processos mentais estruturais e complexos que, quando combinados, fazem operar e organizar a estrutura cognitiva. A operação mental é o resultado final da combinação das funções cognitivas.

Feuerstein (2013) propõe as operações mentais de identificação, comparação, análise, síntese, classificação, codificação, decodificação, diferenciação, projeção de relações virtuais, diferenciação, representação mental, transformação mental, raciocínio divergente, raciocínio hipotético, raciocínio transitivo, raciocínio analógico, raciocínio silogístico, raciocínio inferencial e raciocínio progressivo.

O quadro a seguir apresenta as respectivas funções cognitivas em cada um dos momentos em que as operações mentais entram em contato com uma informação, ou que reconhecem um estímulo ou recebem uma mensagem.

Funções cognitivas

Quadro 1 – Funções cognitivas propostas por Feuerstein

Funções Cognitivas		
***Input* - Entrada**	**Elaboração**	***Output* - Saída**
• Percepção clara e precisa • Comportamento exploratório sistemático • Uso de vocabulário e conceitos apropriados • Orientação espacial eficiente • Orientação temporal eficiente • Constatação da constância e permanência do objeto • Resumo de dados com precisão e exatidão • Considerar duas ou mais fontes de informação simultâneas	• Perceber o problema e defini-lo com clareza • Facilidade para distinguir dados relevantes dos irrelevantes • Exercitar a conduta comparativa • Amplitude do campo mental • Percepção global da realidade • Uso do raciocínio lógico • Interiorização • Traçar estratégias para verificar hipóteses • Exercício do pensamento hipotético-inferencial • Conduta planejada • Elaboração de categorias cognitivas • Aplicação da conduta somativa • Facilidade para estabelecer relações virtuais	• Comunicação descentralizada • Projeção de relações virtuais • Expressão sem bloqueios na comunicação das respostas • Respostas certas, sem ensaio e erro • Uso de instrumentos verbais adequados • Precisão e exatidão na comunicação de respostas • Eficácia no transporte visual • Conduta controlada, não impulsiva

Fonte: Souza, Depresbiteris e Machado (2004, p. 74)

A fase de entrada é o momento de coleta da recepção das informações. Nesta fase a pessoa capta, por meio de seus sentidos, os estímulos que estão relacionados à exposição direta. O grupo de funções da entrada é que determina o que o indivíduo percebe e a maneira como assimila os dados iniciais.

A fase de elaboração, como o nome diz, é o momento para o processamento da informação. Toda a elaboração passa pela depuração da informação que a pessoa recebeu. As informações são relacionadas e agrupadas utilizando-se do raciocínio lógico.

A fase de saída diz respeito à resposta adequada, com o máximo de aproveitamento da informação, representa a finalização do processo.

Muito importante para o mediador é trabalhar as três fases do ato mental, entrada, elaboração e saída. Esta necessidade é primordial para levantar informações relacionadas ao processo de dificuldades que o mediado apresenta. Em relação à deficiência, a percepção clara do mediador nas três fases do ato mental auxiliará todo o processo de mediação, pelo fato de o mediador perceber os detalhes com precisão para mediar com profundidade cada uma das funções cognitivas que apresentar dificuldades.

Feuerstein (2013) reforça que não é qualquer interação que resulta numa experiência de aprendizagem mediada. Para que a experiência alcance seu objetivo é preciso levar em conta algumas características básicas próprias dos critérios. Feuerstein alerta que os demais critérios podem auxiliar no processo de mediação, os três primeiros critérios são universais.

1. *Intencionalidade e Reciprocidade*: ocorre quando o mediador compartilha com o mediado a intenção, objetivos de determinada atividade. Ao interagir e corresponder aos estímulos, o mediado demonstra estar envolvido no processo de aprendizagem.
2. *Transcendência:* proporciona ao mediado pensar sobre o que está acontecendo, estabelecer relações entre conhecimentos já adquiridos e novas situações. De acordo com Ben-Hur (2000), a transcendência na EAM inclui:

- Selecionar uma variedade de conteúdos instrucionais, de acordo com os objetivos de desenvolvimento cognitivo transcendentes;
- Perguntar "por que" e "como", preferencialmente a "o que";
- Tornar clara a relação entre a aprendizagem atual e as anteriores;
- Discutir os resultados da aprendizagem e relacionar a experiência de aprendizagem com objetivos transcendentes.

1. *Tornando-os relevantes para o mundo*: o mediador propõe situações de aprendizagem que forneçam significado e sentido, estimulando

o mediado na busca do significado daquilo que está aprendendo, fazendo relações com aquilo que já se sabe, exigindo sempre valores éticos e sociais.

2. *Mediação do sentimento de competência*: implica em estimular o mediado a desenvolver ou aumentar a sua autoestima, autoconfiança, as crenças em suas capacidades, proporcionar determinação para desenvolver a competência de uma forma bem-sucedida.
3. *Mediação regulação e controle do comportamento*: ocorre quando o mediado, com a ajuda do mediador, percebe a necessidade de se automonitorar e ajustar seu comportamento/problema, ajustando, planejando suas ações de modo a não agir por ensaio e erro. A autorregulação envolve conter a impulsividade e dividir os problemas complexos em partes menores. O mediador deve ensinar o mediado a pensar sobre suas próprias formas de pensar (metacognição).
4. *Mediação do comportamento de compartilhar:* ocorre quando o mediado descentra seus pensamentos, opiniões, sentimentos, respeitando o posicionamento dos demais.
5. *Mediação individualização psicológica*: ocorre quando o mediador propõe situações diferentes que possibilitem o desenvolvimento da aprendizagem, respeitando e aceitando a singularidade e o nível de conhecimento de cada um.
6. *Mediação da busca de objetivos e metas*: ocorre quando o mediador orienta o mediado para escapar do momento do aqui e agora e auxilia na definição de estratégias e planejamento para o alcance dos objetivos em médio e longo prazo.
7. *Mediação do desafio, a busca da novidade e da complexidade*: ocorre quando o mediador proporciona ao mediado tarefas novas, complexas e desafiantes, incentivando o mediado a buscar novos conhecimentos, experiências e situações. Situações de desafio aumentam a amplitude do campo mental, porém o mediador deve tomar cuidado para que o grau do desafio não seja tão alto, tornando-se inatingível, e nem tão baixo, não gerando motivação intrínseca no mediado.
8. *Mediação da busca por alternativas otimistas*: ocorre quando o mediado reconhece que existem alternativas e soluções construtivas para resolver problemas. Dessa maneira, o mediado deve rever a situa-

ção, procurar informações relevantes e descartar as irrelevantes, estabelecer comparações, analisar os fatos, utilizar o raciocínio hipotético e os demais processos mentais que desenvolvam o funcionamento cognitivo.

9. *Mediação do sentimento de pertencimento*: se o sentimento de pertença não for trabalhado no mediado, este pode se isolar ou sentir-se estranho a determinados grupos da sociedade. O mediador deve trabalhar atividades de coletividade e expor o mediado a diversas opiniões.
10. *Mediação da consciência de* automodificabilidade: todos os seres humanos são modificáveis. A mediação da consciência de automodificabilidade ocorre quando o mediador faz com que o mediado tome consciência de que pode mudar e modificar o seu funcionamento cognitivo. Essa mudança acontece de dentro para fora. Cabe ao mediado monitorar as mudanças que ocorrem com ele (SOUZA; DEPRESBITERIS; MACHADO, 2004).

Feuerstein defende a necessidade de o histórico social se fazer presente na história construída pelo sujeito durante toda a sua vida.

> A interação mediada tem portanto, a qualidade e atributos que comumente podem ser considerados na experiência: (1) universal, porque, sem a sua presença significativa e focado na mediação não pode ocorrer e (2) as interações são em grande parte determinadas por situações específicas, a um determinado momento ou lugar do contexto cultural. A característica central que faz uma interação, é o mediado transcender as necessidades ou os interesses imediatos da mediação, indo além do aqui e agora, no espaço e no tempo (FEUERSTEIN, 2013, p. 113).

É um processo que não ocorre sozinho, ele requer a presença de três critérios de mediação, intencionalidade/reciprocidade, significado e transcendência. Cada um destes critérios é altamente valorativo no processo de aprendizagem, eles nos dão o senso da direção, do buscar e do construir a aprendizagem de maneira significativa e intencional.

PROGRAMA DE ENRIQUECIMENTO INSTRUMENTAL DE REUVEN FEUERSTEIN: CARACTERÍSTICAS

No texto que se segue caracterizaremos o PEI, adotado como programa de aprendizagem que visa preparar o indivíduo para a mudança, ou seja, torná-lo adaptável. Dessa forma, é possível otimizar o funcionamento das funções cognitivas de cada pessoa, para que elas de maneira autônoma e suficiente aprendam a aprender. Este é um método acessível e indicado para vários públicos, desde o deficiente, incluindo a síndrome de *Down*, ao jovem com dificuldades de aprendizagem por problemas de memória, de raciocínio e de abstração.

O que é o PEI?

Feuerstein, Feuerstein e Falik (2014) escreve que o Programa de Enriquecimento Instrumental (PEI) começou a ser montado aproximadamente em 1957.

> A intenção era mediar para a pessoa o processo requerido para melhorar a habilidade de aprendizado e derivar o máximo de benefício da exposição a uma variedade de tarefas que requeriam o uso de operações mentais. Com a ajuda dos instrumentos, queremos criar nos aprendizes as estruturas de pensamento e motivações emocionais que permitirão se modificar no curso do contato direto com a informação, estímulo e experiências (FEUERSTEIN; FEUERSTEIN; FALIK, 2014, p. 168).

O seu lema é: um momento deixe-me pensar! A finalidade do programa é aumentar a capacidade do organismo humano de ser modificado diante das diferentes situações vivenciadas cotidianamente. "Os instrumentos são construídos de forma que quem aprende chega à consciência do processo de pensamento no curso de realização da tarefa" (FEUERSTEIN; FEUERSTEIN; FALIK, 2014, p. 170). Outro elemento essencial no programa é que os instrumentos não mediam conteúdo específicos, e sim conteúdo de aprendizado generalizado. As aplicações dos "instrumentos são selecionadas, designadas e direcionadas, para o desenvolvimento de pensamento sistemático e habilidades de aprendizado que ativam e reparam (se necessário) as funções cognitivas deficientes" (FEUERSTEIN; FEUERSTEIN; FALIK, 2014, p. 171).

O programa recebeu o nome de instrumental porque sua intenção é ser usado como um recurso eficaz na intervenção cognitiva, sendo ela de ordem comportamental ou emocional, assim como pode ser usado na área educacional, área clínica ou empresarial, sempre sob o aspecto de utilizá-lo na superação de dificuldades e na promoção da capacidade cognitiva.

Uma característica marcante no PEI é o uso do lápis e a borracha, ao receber a folha somos tomados por um sentimento que logo nos faz lembrar a infância, parece que errar faz parte do processo. Em outras palavras, errando e corrigindo os erros aprendemos. O erro tem um valor significativo na aplicação do PEI, é por ele e com ele que o mediador chega até nós e consegue se aproximar para levantar as principais dificuldades e a origem, só assim conseguirá elaborar estratégias de intervenção.

Outro elemento que expressa a intenção do programa é o material, que é formado por 14 instrumentos, que são divididos no nível I e nível II, pelo fato de o aumento significativo da complexidade, abstração e eficácia que os instrumentos vão exigindo até o final da sua aplicação; o primeiro instrumento a ser aplicado é a organização de pontos, o último é de desenhos de padrão.

Objetivos do PEI

É no campo cognitivo que o PEI tem mais a oferecer ao educador e educando. Seu objetivo geral é aumentar consideravelmente a capacidade do organismo humano para se modificar devido à influência da exposição direta que recebe dos estímulos e se completa com a experiência da aprendizagem mediada.

Aumentar a capacidade de aprender e promover a modificabilidade no indivíduo para melhor se relacionar com o mundo é objetivo principal do programa PEI[22]. Outros objetivos secundários são: corrigir funções cognitivas deficientes; adquirir conceitos básicos, vocabulários, operações e estabelecer relações; desenvolver a motivação intrínseca pela formação de hábitos ou de um sistema de necessidades internas; criar um certo nível

---

[22] Os resultados da pesquisa sobre a aplicação do PEI e os efeitos do programa de enriquecimento cognitivo nos Estados Unidos da América do Norte, na América Latina, Europa e Canadá foram socializados por Vitor da Fonseca no Livro Aprender a Aprender. A educabilidade Cognitiva.

de pensamento ou *insight*; criar motivação intrínseca em relação à tarefa; mudar o papel do mediado de receptor passivo para um gerador de novas informações. Cada objetivo traz o compromisso de orientar claramente a condução das atividades que cada instrumento significa para o processo de mediação. Os objetivos são abordados dentro do seu propósito a fim de priorizar cada uma das atividades que se pretende desenvolver durante o processo de mediação, além de cada um desenvolver uma função especial na promoção da aprendizagem e quais os instrumentos de intervenção recomendados para alcançar um melhor resultado.

Recomendações para a aplicação

Cada instrumento segue um padrão descrito com objetivos, funções cognitivas implicadas, e contém aproximadamente de 25 a 30 páginas. As tarefas exigem sempre uma sensibilização inicial do mediador sobre a página explorando todos os estímulos apresentados na folha, e o material usado para fazer as tarefas são o lápis e a borracha. São sempre aplicados por profissionais habilitados[23] e autorizados pelo ICELP/Jerusalém, ou centros que receberam autorização para funcionar em diversos países do mundo. Não existe nenhuma barreira que impeça a aplicação dos instrumentos por conta da cultura ou conteúdos desconhecidos, levando sempre em consideração a modalidade de linguagem de cada país (FEUERSTEIN; FEUERSTEIN; KOZULIN, 1997).

O PEI é recomendado para indivíduos normais e também indicado para aqueles que apresentam retardo mental (QI de 40 a 90), pode ser aplicado com pessoas que consigam manipular lápis e borracha e que apresentam um nível aceitável de linguagem verbal para a comunicação. Os sete primeiros instrumentos do programa do nível I são: 1) Organização de pontos; 2) Orientação espacial I; 3) Comparações; 4) Classificações; 5) Ilustrações; 6) Percepção analítica; 7) Orientação espacial II.

No nível II consta de sete instrumentos, que são aplicados após a formação no nível I. O objetivo é que o mediado tenha passado pela experiência do primeiro nível para fortalecer sua formação e com isso gerar princípios e transcendências. Os instrumentos trabalhados neste nível são: 1) Ilustrações; 2) Relações familiares; 3) Relações temporais; 4) Progressões numéricas; 5) Relações transitivas; 6) Silogismos; 7) Desenhos de padrões.

---

[23] No Brasil, os centros autorizados de Desenvolvimento Cognitivo certificam em parceria com o Feuerstein Institute (International Center for the Enhancement of Learning Potential) – ICELP – Israel.

Ao se aplicar o instrumento do PEI, é sempre recomendado que o mediador tenha feito o planejamento da folha, que deverá ser explorada com o mediado de maneira que todo o conteúdo, objetivos e modalidades possam ficar claros para o mediador e o mediado. Outra questão essencial na aplicação do instrumento é definir os critérios a serem utilizados. Feuerstein (2013) definiu critérios para uma mediação efetiva. Os critérios intencionalidade e reciprocidade, transcendência, e significado são critérios considerados universais. Conforme a mediação vai ocorrendo, os demais critérios vão se integrando aos universais, permitindo que a mediação se torne cada vez mais rica e eficaz. Complementam o processo de mediação os critérios: competência; autorregulação e controle de comportamento; compartilhamento; individuação; planejamento de objetivo; desafio; e automodificação.

O PEI é uma experiência de aprendizagem significativa, de sucesso e de motivação intrínseca para o aluno, pois auxilia no processo para potencializar a aprendizagem, além de criar constante interação entre mediador e mediado. O PEI é um caminho para desenvolver habilidades do pensamento, alcançar a aprendizagem significativa e trabalhar com um método concreto que está ao alcance dos educadores que acreditam na capacidade humana de aprender.

O interesse por minimizar e corrigir problemas relacionados à aprendizagem está cada vez mais presente no papel do professor e cada vez mais incorporado na sua prática educativa essa responsabilidade de ajudar o aluno a elevar sua capacidade para aprender de maneira autônoma, reflexiva e significativa. Trabalhar para desenvolver no aluno um comportamento proativo com foco no desenvolvimento de habilidades de pensamento, com vistas a corrigir funções cognitivas deficientes, é o objetivo principal do PEI, um programa desenvolvido para agir diretamente na estrutura cognitiva de uma pessoa para produzir um movimento de autossuficiência para aprender.

O programa do PEI se apoia na teoria construtivista por acreditar que o aprendiz ao longo da vida passa por um movimento dialético da assimilação e acomodação. A assimilação permite construir a realidade de acordo com as suas estruturas internas, a acomodação permite ao aprendiz ativar a estrutura cognitiva e modificar a realidade a partir das suas crenças.

Descrição dos instrumentos escolhidos para a pesquisa

Na sequência apresentamos a descrição dos instrumentos escolhidos para o desenvolvimento da atividade de pesquisa.

Organização de Pontos

Segundo Feuerstein e Hoffman (200-), o instrumento Organização de Pontos é, em geral, o primeiro instrumento a ser estudado no PEI. Os exercícios apresentados nas 16 páginas são suficientes para oferecer oportunidades de atingir os objetivos específicos do programa, de compreender os papéis e função de todas as tarefas específicas, bem como toda a tomada de consciência na conduta total do indivíduo.

O objetivo principal do instrumento organização de pontos é ensinar a exercitar a operação projeção de relações virtuais, mediante tarefas em que o aluno identifique e desenhe formas dentro da nuvem de pontos. É um instrumento potente para gerar mudanças no indivíduo, pois requer disposição e necessidade para buscar conexões e significações entre fenômenos que aparecem separados um do outro. A atividade exige organizar e construir projeções virtuais, sem elas a compreensão da realidade faz-se de maneira fragmentada, isolada e desconectada do mundo. Cabe ao homem impor ordem ao mundo desorganizado, ligando objetos e seus fatos a sistemas significativos.

Os objetivos específicos são:

- Propiciar as condições fundamentais para a aprendizagem por meio da ativação de distintas funções nas fases de *input*, elaboração e *output* dos atos mentais.
- Dar oportunidade para realizar algumas operações mediante a reconstrução e articulação do campo, pensamento hipotético, pensamento inferencial etc.
- Criar um sistema intrínseco de necessidade (hábitos), mediante a repetição de tarefas que são essencialmente similares.
- Estimular a motivação intrínseca à tarefa, mediante a realização de tarefas que apresentem um desafio pessoal.
- Ajudar o estudante (treinando) a ser independente, estimulando-o a formar referenciais internos.

Trabalhar no campo de projeções virtuais requer o desenvolvimento de funções cognitivas que projetarão no mediado o descobrimento das relações que não se darão de maneira intuitiva ou espontânea, mas por meio de uma conduta aprendida. O domínio da tarefa requer ativar muitas funções cognitivas, senão todas.

Feuerstein e Hoffman (200-) recomendam que o aluno deva ser preciso na percepção do modelo e seus atributos. Deve, então, interiorizar os modelos dados para que realize a projeção e transporte visual. Deve nomear as figuras do modelo para ajudá-lo em sua busca. Deve planificar sua estratégia e definir claramente o que busca.

A busca deve ser metódica, utilizando-se de indícios externos ou regras interiorizadas. Requer flexibilidade e capacidade para passar a outra estratégia, quando a original não se mostra correta. Deve formular hipóteses e revisá-las.

Depois da projeção da forma e antes de desenhar as linhas, deve comparar a solução encontrada com o modelo. Só quando se sentir seguro de que a solução está correta, passará para a próxima tarefa.

Figura 2 – Instrumento Organização de Pontos no PEI

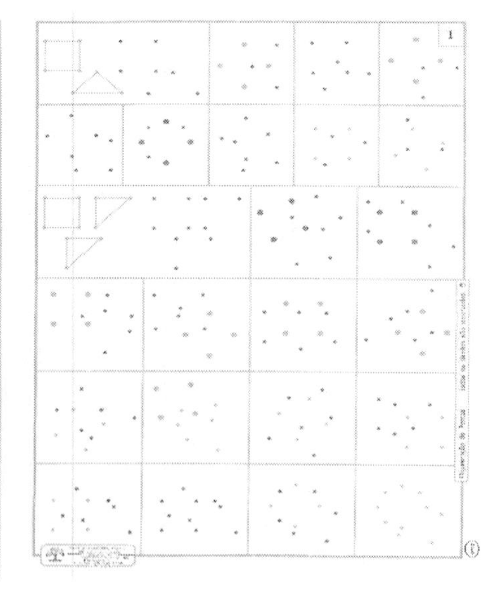

Fonte: Prof. Reuven Fuerstein (1995)

Instrumento Comparações

O objetivo de aplicar o instrumento "comparações" é desenvolver a conduta comparativa do aluno. Converter o ato da comparação em uma atividade automatizada, de modo que o aluno, espontaneamente, perceba e descreva a relação entre objetos, acontecimentos e ideias, em termos de suas semelhanças e diferenças.

Objetivos deste instrumento

- Incrementar e enriquecer o repertório de atributos pelos quais se podem comparar estímulos.
- Isolar parâmetros relevantes para comparação, que são característicos e críticos para as necessidades que gerarão a conduta comparativa.
- Estimular a flexibilidade no uso de parâmetros para a comparação, incrementando a habilidade do aluno para diferenciar entre elementos.
- Desenvolver as funções cognitivas nos níveis de *input*, elaboração e *output* que estão envolvidas na conduta comparativa.

Objetivos específicos: promover conceitos, denominações, operações e relações com as quais se descrevam semelhanças e diferenças.

Feuerstein e Hoffman (200-) afirmam que a necessidade de comparar é um pré-requisito essencial para qualquer processo cognitivo. A conduta comparativa é uma condição primária para estabelecer relações que conduzem ao pensamento abstrato, porque determina a organização e integração de unidades separadas de informação em sistemas coordenados e significativos de pensamento.

Para aos autores Feuerstein e Hoffman (200-), só por meio da conduta comparativa espontânea um indivíduo se modifica pela exposição direta às fontes do estímulo. À medida que recebe novas informações, ele organiza, compara e relaciona com unidades de pensamento já existentes e integra-as gerando relação entre elas.

Figura 3 – Instrumento Comparação no PEI

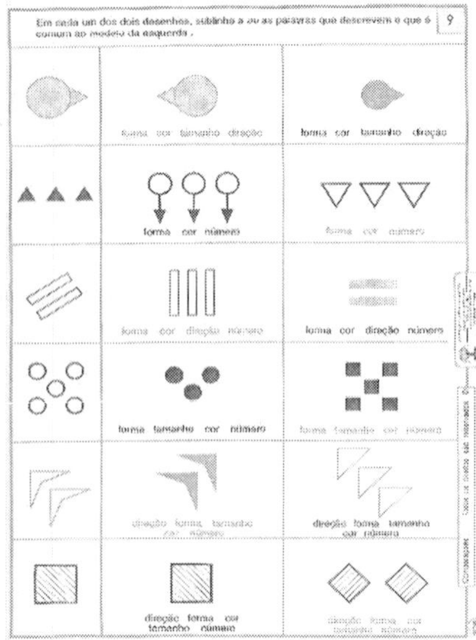

Fonte: Prof. Reuven Fuerstein (1995)

Instrumento Percepção Analítica

Na continuidade da escolha dos instrumentos, Feuerstein e Hoffman (200-) escrevem que o instrumento Percepção Analítica apresenta uma diferenciação na divisão de um todo em partes, a integração ou a síntese de um todo dado são requisitos para a adaptação de uma pessoa e para seu ajuste ao mundo. O funcionamento cognitivo adequado depende do equilíbrio entre os dois processos.

Percepção analítica usa os processos de percepção para o desenvolvimento de estratégias cognitivas nos indivíduos, que os levam a se relacionar com o mundo com atitudes e motivações flexíveis.

Objetivos deste instrumento

- Dar estratégias para articulações e diferenciação de um campo, para divisão de um todo em partes, de acordo com objetivos específicos.
- Ensinar estratégias para a integração, síntese de partes em um todo, conforme as necessidades de um dado momento.

- Exercitar a estruturação de um campo dado.
- Ampliar o âmbito de atitudes e motivações nos indivíduos em relação com a realidade, pelo uso de processos perceptuais para conseguir o desenvolvimento de estratégias cognitivas variadas.

Objetivos específicos: estabelecer relações do todo em partes, e das partes entre si. Usar experiências aprendidas anteriormente para exercer a conduta comparativa, encontrar semelhança, discriminar detalhes e classificar.

Sobre a filosofia e o ler, Nogaro (2013) orienta o educando para uma aprendizagem significativa por meio da leitura analítica. O instrumento percepção analítica tem o objetivo de ensinar estratégias para a integração, síntese de partes em um todo. A operação mental "decodificação" é trabalhada na leitura analítica, descrita por Nogaro (2013, p. 23) com o objetivo de "apreender a mensagem global da unidade de leitura, de modo que o leitor tenha visão da integralidade do raciocínio desenvolvido pelo autor, levando-o tanto à compreensão dessa mensagem como à sua interpretação".

As operações mentais sintetizar e relacionar são trabalhadas na leitura crítica com vista à

> [...] compreensão mais abrangente do texto e mobiliza, além do sentimento, as capacidades do leitor (separar suas partes, relacioná-las, sintetizar ideias...). Estabelecemos um diálogo com o texto fazendo perguntas que nos levam a compreender sua forma de construção e seus significados mais profundos. "[...] A leitura crítica comporta, assim, subdivisão em níveis, que constituem etapas de aprofundamento da interpretação: análise textual (denotação), análise temática, temática, análises interpretativas (crítica) e problematização (NOGARO, 2013, p. 23-24).

Figura 4 – Instrumentos Percepção Analítica no PEI utilizadas nas aplicações

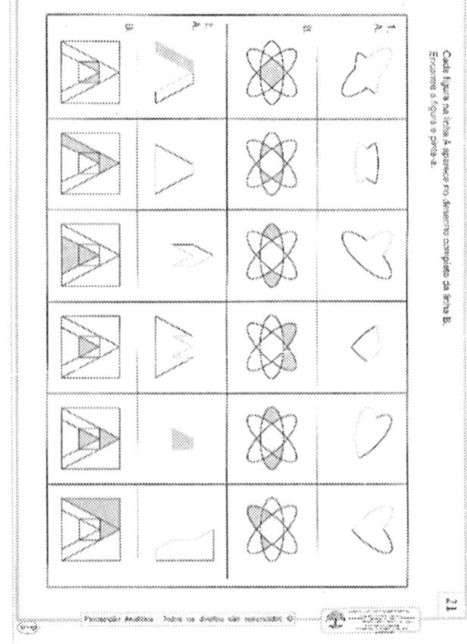

Fonte: Prof. Reuven Fuerstein (1995)

Mediação dos critérios

O critério[24] intencionalidade e reciprocidade é o primeiro critério proposto por Feuerstein, é um critério que manifesta toda a intenção em buscar os objetivos, em programar e selecionar as atividades mais adequadas para gerar aprendizagem. É um critério que trabalha a reciprocidade, toda a ação do mediador tem efeito de mútua interação, a começar pela relevância que ele dá aos conhecimentos que o aluno possui e àqueles que quer que ele adquira. O reconhecimento das capacidades, dos ritmos, dos interesses e da motivação é uma forma de preservar a individualização, sem deixar de trabalhar com os diferentes estilos de aprendizagem de seus alunos, graduando as dificuldades, a complexidade e o domínio do conhecimento que o aluno apresenta do conteúdo.

No processo de aprendizagem significativa, a orientação é imprescindível para o aluno. O mediador deve ajudar o educando a encontrar respostas a novos problemas, a encarar novos desafios, a promover o seu próprio processo de metacognição.

[24] Segundo Varela (2007), para avaliar é necessário ter critérios. Critério significa "discernimento" e na acepção comum, regra que se aplica para julgar a verdade. Filosoficamente, critério é a característica que permite avaliar uma coisa, uma noção ou apreciar um objeto. É o que serve de fundamento para um juízo.

A mediação do critério de significado necessita, por parte do mediador, criar situações de aprendizagens para o aluno, possibilitando que este se envolva num contexto em que o educando sinta interesse pela atividade, consiga atribuir um significado entre o objetivo e a tarefa. Mediar o significado implica planejar atividades que possam gerar outros significados para um dado contexto a partir de uma aprendizagem já existente e que possa ser estendida a outras situações.

A mediação do critério transcendência é o nível mais elevado da aprendizagem. Por exigir abstração e muito manejo da informação, aumenta o sistema de necessidade do aluno ao transcender o aqui e agora. A transcendência de um conhecimento provoca no aluno relacionar várias situações a outras que podem gerar princípios que possam ser relacionados com situações do passado ou do futuro.

A transcendência dimensiona a aprendizagem para novas aplicações do conhecimento, que exigem do educando a capacidade para desenvolver habilidades e atitudes que o ajudem a incorporar a dinâmica da sociedade moderna de maneira independente e autônoma.

Na perspectiva da aprendizagem mediada, a presença dos critérios intencionalidade e reciprocidade, significado e transcendência proporciona ao educando o aperfeiçoamento dos próprios processos de aprendizagem. Decorrentes da reflexão e da interação com o objeto, criam-se a generalização e abstração para construção de novos conceitos a partir dos iniciais.

Segundo Feuerstein (2013), a conduta consciente é essencial para elevar o nível cognitivo do educando, de modo a perceber, a processar e utilizar a informação necessária para ocorrer aprendizagem significativa.

A mediação para gerar modificabilidade

De acordo com Feuerstein, o mediador é um educador, um incentivador da aprendizagem, por quê? "deve haver a necessidade, a necessidade que gerará a crença na modificabilidade. Preciso ter a necessidade para que meus alunos e aqueles com os quais estou engajado, alcancem potenciais mais altos de funcionamento" (FEUERSTEIN; FEUERSTEIN; FALIK, 2014, p. 33).

Assim a crença é também entendida como

> [...] uma manifestação de fé na razão, na sua unidade e no que ela representa. Por isso, essa passa a ser a mesma para todo

> sujeito pensante, para a cultura, para a nação; ela é o núcleo articulador de todas as demais variações, sejam religiosas, morais ou de qualquer outra ordem (NOGARO, 2013, p. 43).

O modo como o Feuerstein se refere à crença na modificabilidade demonstra que existem alternativas eficientes e significativas capazes de tornar isso possível no ser humano. É um desejo que perpassa a vontade, mas motiva a fé.

Como se vê, praticar uma postura mediadora compreende auxílio da formação na gestão do desenvolvimento humano. A pedagogia como ciência da educação se preocupa com importantes questões que são responsáveis por orientar e traz preocupações em como preparar os profissionais para a docência. É importante destacar o que Ausubel, Novak e Hanesian, consideram sobre as diferentes funções que o professor exerce na nossa cultura.

> Considerações teóricas sugerem que uma das mais importantes seria o seu grau de compromisso ou envolvimento do ego no desenvolvimento intelectual de seus alunos e a capacidade para gerar excitação emocional e uma motivação intrínseca para a aprendizagem (AUSUBEL; NOVAK; HANESIAN, 1980, p. 415).

De fato, a habilidade que o professor tem para dar significado ao conteúdo pode ser comparada à capacidade que ele tem para planejar a aula, para fazer relações entre teoria e prática do assunto que ensina, e, ao apresentar o seu conteúdo, correlaciona com os processos cognitivos, descritos por Gomes (2007) como habilidades do pensamento.

Na descrição de Gomes (2007, p. 24), as "habilidades gerais são operações mentais encontráveis em qualquer conteúdo ou prática inteligente humana". Diferentemente da posição conservadora do desempenho cognitivo, medida pelo QI, Feuerstein, Feuerstein e Falik (2014, p. 144) afirma que: "O mediador fornece ao aprendiz ferramentas para formular o problema e pode complicar o problema para criar a necessidade de adicionar dados e pensar mais antes de chegar à conclusão".

Corroborando com Feuerstein, Feuerstein e Falik (2014), Nogaro (2013) institui o pensar filosófico como ferramenta cognitiva. Para o autor, a atitude filosófica possui características investigativas que promovem o desenvolvimento cognitivo, independentemente do conteúdo investigado. Na construção de perguntas inteligentes, o autor acrescenta ao processo de aprendizagem a filosofia que incentiva e incentivando ensina a pensar, com perguntas simples, o que? Por quê?

> A filosofia pergunta qual é a realidade ou natureza e qual é a significação de alguma coisa, não importa qual; como a coisa, a ideia ou o valor, é. A filosofia indaga qual é a estrutura e quais são as relações que constituem uma coisa, uma ideia ou um valor; por que a coisa, a ideia ou o valor existe, e é como é (NOGARO, 2013, p. 9).

Pode-se dizer que, que o espaço da sala de aula é rico em oportunidades para se criar e desenvolver atividades que contemplem o desenvolvimento de habilidades de pensamento. Quer pelo valor que se quer dar a uma leitura, quer pela análise do desenvolvimento do raciocínio ou pela interpretação de um texto, as operações mentais e funções cognitivas estão sempre implicadas nas atividades. A cognição é o processo do pensamento pelo qual é possível articular os elementos do conteúdo, método e aplicação do contexto. De acordo com Nogaro:

> [...] para que uma pessoa possa ter pensamento crítico, rigoroso, radical, abrangente e criativo precisa desenvolver habilidades básicas de pensamento. A habilidade é o domínio de qualquer fazer ou de qualquer forma de atividade. Pessoas realizam atividades mentais ou de pensamento, no entanto, parece consenso que nem todas realizam bem, especialmente quando necessitam articulá-las para produzir pensamento claro, objetivo, seguro, profundo, consistente... daí a proposta de que sejam desenvolvidas as habilidades de pensamento (NOGARO, 2002, p. 10).

Trabalhar para desenvolver funções cognitivas deficientes, exige interiorização de quatro elementos essenciais para ocorrer modificabilidade, conforme Feuerstein, Feuerstein e Falik (2014) quatro parâmetros sustentam a mudança. Permanência[25], Resistência[26], Flexibilidade[27] e Generalização[28].

Gomes (2007) argumenta que uma maneira de você constatar a modificabilidade é acompanhar a qualidade da mudança, se de fato ocorreu interiorização de regras, de abertura do fluxo do pensamento e de ações. Para ele, se não ocorrer a permanência (interiorização), "a mudança não adquire o caráter e o estatuto qualitativo de modificabilidade" (GOMES, 2007, p.

---

[25] Permanência: até que ponto a mudança é preservada com o tempo.

[26] Resistência: quão resistente é a mudança da condição e alterações ambientais.

[27] Flexibilidade/adaptabilidade: até que ponto ela é incluída, além da situação inicial, nas outras áreas de respostas e eventos de aprendizado.

[28] Generalização/transformação: até que ponto o indivíduo continua sendo modificado e cria novas mudanças estruturais.

67). Os efeitos da mudança precisam atingir toda a estrutura cognitiva. Quando esse efeito é generalizado para outras situações de penetração, o cérebro está numa condição de mudança estrutural.

Como a mediação provoca a modificabilidade? A interação humana é vista como essencial no processo de ensino e aprendizagem. Feuerstein (2013) considera na sua teoria que a interação humana gera a modificabilidade. A interação impulsiona o desenvolvimento da estrutura cognitiva.

Na concepção de Feuerstein, Feuerstein e Falik (2014, p. 59), a "EAM ocorre quando uma pessoa (mediador) que possui conhecimento, experiência e intenção medeia o mundo, o torna mais fácil de entender, e dá significado a ele pela adição de estímulos direto".

Dando ênfase na presença de um mediador, Gomes salienta que:

> [...] a falta de um mediador (ser humano), ou mediadores intencionados, que se interponha entre o organismo e o mundo e que filtre, organize, selecione, organize os significados culturais, possibilitando ao indivíduo transcender os estímulos e as experiências devida, provoca uma síndrome denominada por Feuerstein de síndrome de privação cultural. Ela impede o desenvolvimento cognitivo e afetivo adequado e reduz o nível de modificabilidade e flexibilidade mental (GOMES, 2007, p. 69).

Diante do desafio da teoria aqui estudada, surge a necessidade de formação de professores. É um trabalho educativo que inclui intencionalidade e reciprocidade, professor e aluno envolvidos na busca de um bem maior.

Para desempenhar este trabalho, Feuerstein (1980, p. 87) descreve de maneira cautelosa a nobreza do papel deste ser humano:

> O mediador potencial tem suas raízes não somente numa decisão apenas profissional, pedagógica ou didática, a decisão de atuar como mediador tem profundas raízes no desejo natural de sentir-se prolongado nos educandos, ou em sua descendência, não somente pelo componente biológico, mas também por meio da bagagem espiritual-moral de sua existência.

A função do professor mediador[29] é elevar o nível de autonomia do aluno para aprender a aprender e aprender a pensar. O aluno deve

[29] O papel do mediador consiste na capacidade que ele apresenta para enriquecer a interação do mediado com o ambiente, utilizando-se de estímulos que preparam a estrutura cognitiva do aluno para novas aprendizagens, por meio de novos conhecimentos.

ser preparado para buscar o seu crescimento e com isso elevar o seu potencial de aprendizagem. A ação pedagógica deve ser intencional, como descreve Tébar:

> São os próprios sujeitos que aprendem, que, em interação com o meio, com outras pessoas ou por mediação da cultura, constroem seus conhecimentos, o que não implica necessariamente nem a invenção nem a descoberta, mas, sim, a apropriação ativa do saber, a assimilação e a sucessiva elaboração de novos conhecimentos. Isso exige uma intensa atividade intelectual por parte do aluno, atividade que, apesar de ser, em última instância, própria e individual, não se produz isoladamente, mas sim, mediante a interação (TEBAR, 2011, p. 117).

Dentro desta visão otimista, a aprendizagem mediada fomenta a construção de conceitos e habilidades. Diferente da aprendizagem produzida pela exposição, onde o professor trabalha com objetos, estímulos, e outras fontes de informação, o professor, no papel da aprendizagem mediada, desenvolve o sistema cognitivo. Acreditamos que ensinar a pensar segue um "enfoque construtivista da mente, não priorizando o mero armazenamento de conhecimentos" (TEBAR, 2011, p. 141).

A concepção da aprendizagem mediada, fornece elementos que auxiliam o aluno a experimentar a necessidade das aprendizagens em equipe, de forma colaborativa que oferecem outras descobertas e saberes. Isso implica que seja oferecido ao aluno uma experiência de aprendizagem significativa, onde cada um possa organizar seu ritmo para construir critérios sobre as próprias habilidades e competências cognitivas.

A mediação para gerar aprendizagem significativa

O mediador facilita o desenvolvimento das ideias de significados e passa a ensinar para a aprendizagem significativa.

Ensinar para a aprendizagem significativa implica que o professor escolha para trabalhar materiais de aprendizagem com significado lógico, ou seja, buscar informações para ver se o aluno possui algum conhecimento prévio para fazer este relacionamento.

Do ponto de vista do aprendiz, este precisa ter em sua estrutura cognitiva ideias âncoras relevantes, com as quais esse material possa ser relacionado.

De maneira metafórica, o termo "âncora" significa, para Ausubel, Novak e Hanesian (1980), os conhecimentos prévios, os quais ele denominou subsunçores. Os novos conhecimentos se ancoram em conhecimentos preexistentes e adquirem significado. Esse processo é interativo, dinâmico e aberto a novas ancoragens que geram novos conhecimentos.

As razões que aproximam as ideias de Ausubel, Novak, Hanesian e Feuerstein residem na visão de que:

> [...] o ensino e a aprendizagem não são extensivos – o ensino é somente uma das condições que podem influenciar a aprendizagem. Consequentemente os alunos podem aprender sem serem ensinados. E mesmo se o ensino for eficaz, não implica necessariamente aprendizagem, se os alunos em questão estiverem desatentos, desmotivados ou despreparados cognitivamente (AUSUBEL; NOVAK; HANESIAN, 1980, p. 12).

Nesse sentido, caberia ao mediador promover uma interação cognitiva entre os conteúdos aprendidos e os novos, gerando o que Feuerstein (2013) chamou de conflito cognitivo, que se refere à desacomodação de um dado conhecimento quando este pareceu estar perfeitamente aprendido. O potencial cognitivo do educando pode ser elevado e enriquecido quando o mediador se interpõe entre os conhecimentos que o aluno possui e aqueles que se pretende que ele adquira. Para a aprendizagem se tornar significativa, o professor precisa ajudar o aluno a estabelecer relações substantivas entre o que já conhece e o que aprende, fazendo novas conexões, criando categorias e subcategorias de novos conceitos e novas aprendizagens.

Na descrição de Gomes (2007, p. 24), as "[...] habilidades gerais são operações mentais encontráveis em qualquer conteúdo ou prática inteligente humana". Diferentemente da posição conservadora do desempenho cognitivo, medida pelo QI, Feuerstein, Feuerstein e Falik (2014, p. 144) afirmam que o "[...] mediador fornece ao aprendiz ferramentas para formular problemas. O mediador direciona o aprendiz para realizar processos comparativos e dar motivos racionais para suas conclusões".

No contexto da aprendizagem de Ausubel, Novak e Hanesian (1980, p. 122), para torná-la significativa, valer-se da mediação para a solução de um problema, por exemplo, perpassa a tarefa, e entra no campo das funções cognitivas. "A solução de um problema bem-sucedida requer muitas *outras* capacidades e qualidades – assim como poder de raciocínio, flexibilidade, improvisação, sensibilidade de problema e astúcia tática – para compreender os princípios subjacentes".

Bem-Hur (2014) propõe que ao diagnosticar que aluno apresenta dificuldades para compreender, aplicar e analisar, o professor pode propor atividades com foco a desenvolver tais funções mentais, melhorando o nível do domínio cognitivo do aluno, a este processo ele chamou de transferência da aprendizagem.

Ausubel, Novak e Hanesian (1980) coloca que o professor pode buscar comprovações sobre se ocorreu aprendizagem significativa, a partir dos exercícios, de questionamentos, de tarefas ou apresentação de soluções para um dado problema, mas deverá tomar cuidado quanto ao fato de a aprendizagem ser apenas memorizada.

Uma estratégia para verificar tal fato poderia ser adotada pelo professor com aplicação de uma frase proposta por Gomes (2002, p. 230): "Mediar: a arte de interrogar". Ele propõe, de maneira brilhante, as perguntas que ele chamou de inteligentes. A partir da elaboração de perguntas direcionadas ao processo de aprendizagem, o professor teria subsídio para comprovar se ocorreu ou não aprendizagem.

Gomes (2002, p. 231-235) sugere que as perguntas: como? Por quê? Quais? Em quê? são extremamente eficazes na comprovação da modificabilidade cognitiva. São perguntas que:

> [...] incentivam os processos de generalização, perguntas que estimulam a reflexão e reduzem a impulsividade ou perguntas "duvidosas" (comprovação de hipóteses). Além de perguntas que conduzem a mais de uma resposta, perguntas que induzem ao exame de possíveis estratégias para solução de problemas ou perguntas que induzem a atividades de raciocínio.

Em relação ao proposto por Gomes (2002), a mediação seria um instrumento capaz de desenvolver potenciais de aprendizagem, elevando a função cognitiva do indivíduo.

Ao valorizar a mediação em sala de aula, o professor promove o desenvolvimento do pensamento e reforça uma concepção de educação cognitiva, orientando o indivíduo para a aprendizagem autônoma, para a necessidade de oportunizar por meio de experiências que venham contribuir com o desenvolvimento afetivo, cognitivo e emocional.

Desse modo, o desenvolvimento de competências cognitivas torna-se as bases para habilidade básicas e de pré-requisitos para outras aprendizagens, pois partem da referência de operações mentais e funções cognitivas que se encontram inseridas ou enfocadas nas atividades e conteúdo de natureza complexa e abstrata, podendo assim serem somadas a outras competências cognitivas essenciais para o desenvolvimento da inteligência.

A mediação para gerar modificabilidade comportamental

A ênfase na mediação dos critérios para gerar modificabilidade comportamental traz à tona questões relacionadas ao querer e ao necessitar. Para Skinner (1995, p. 31), um "sinônimo aproximado de *querer* é *necessitar*". Para Feuerstein, Feuerstein e Falik (2014, p. 29), o querer é opcional. "A teoria da modificabilidade defende que alunos não apenas são modificáveis, mas que também modificam a si mesmos e seus ambientes estruturalmente". O ato de mediar alcança graus avançados de aprendizagem quando o mediador reconhece no aluno (mediado) quais as principais dificuldades que estão ocasionado dificuldades e impedindo a aprendizagem. O comportamento exerce influência considerável sobre a aprendizagem, tanto Feuerstein quanto Ausubel, Novak e Hanesian defendem ações comportamentais que estão vinculadas ao processo educacional e se manifestam durante o processo de aprendizagem.

Ausubel, Novak e Hanesian (1995, p. 26) afirmam que assim "como os fatores intrapessoais e situacionais interagem em seus efeitos sobre a aprendizagem, as variáveis cognitivas e afetivo-social influenciam também o processo de aprendizagem".

O traço marcante na teoria da modificabilidade, semelhante ao da aprendizagem significativa, refere-se ao que Feuerstein, Feuerstein e Falik (2014) dizem a respeito da interação social, associada à afetividade, compartilhamento, participação e adaptação, para os autores, estes são considerados elementos necessários no processo de aprendizagem. A impulsividade, ou a falta de encorajamento para seguir em frente com segurança, é um comportamento que está envolvido no processo de aprendizagem, e não pode ser desconsiderado.

A aprendizagem mediada apresenta características que orientam o processo educativo para levar em conta aspectos comportamentais manifestados a partir das emoções, da resistência, da individualidade e da desmotivação. Esses fatores intrapessoais podem ser mediados a partir dos critérios de sentimento de competência, regulação e controle do comportamento, comportamento e compartilhar, individualização e diferenciação psicológica, alcance de objetivos, busca por desafios, alternativa otimista e sentimento de pertença.

Desejar mudar está organicamente articulado com nosso comportamento diante de diferentes situações do dia a dia que exigem flexibilidade, proatividade e autoconfiança.

> A mediação do comportamento desafiador deve representar um objetivo em todos os programas que buscam aumentar a adaptabilidade do indivíduo para as mudanças e complexidade do nosso mundo. [...] a prontidão para aprender e mover em situações conhecidas para desconhecidas, além da tendência de confrontar a novidade desafiadora e complexidade e não desistir, são essenciais para nossa adaptação (FEUERSTEIN; FEUERSTEIN; FALIK, 2014, p. 105).

As perspectivas de Ausubel, Novak e Hanesian e Feuerstein sobre privação cultural são muito semelhantes, principalmente nos aspectos que incluem atitudes. A privação para Feuerstein (2013) envolve a ausência de transmissão cultural, falta de interações sociais significativas entre o ambiente e a pessoa, além de falta de mediação de outros seres humanos que possam oferecer de maneira deliberada instrumentos para apropriação e desenvolvimento da pessoa.

O mesmo termo é usado por Ausubel (1982, p. 412), para explicar mudanças que envolvem atitudes e influências motivacionais. A privação cultural é

> [...] um termo que inclui atitudes de desamparo, dependência, alienação, marginalidade nível de aspiração altamente depressivo e sentimento de alienação da cultura como um todo. A privação cultural tipicamente atrofia não apenas o desenvolvimento intelectual, mas também o desenvolvimento das motivações apropriadas para o desenvolvimento acadêmico.

A mediação para gerar modificabilidade comportamental trata de criar condições apropriadas e buscar na EAM os elementos necessários para ajudar o aluno a vencer barreiras que impedem seu desenvolvimento e sua aprendizagem, pois muitos dos problemas que interferem na aprendizagem estão relacionados a este motivo.

RESULTADOS DA PESQUISA

Neste capítulo, são apresentados os principais resultados do trabalho realizado durante a observação da aula, aplicação do programa e a observação após aplicação do PEI. Os gráficos estão estruturados de forma a apresentar os dados agrupados da totalidade sujeitos por critério e por indicador de cada critério.

Para facilitar a leitura e compreensão do leitor, descrevemos uma análise qualitativa das mudanças observadas em sala de aula para cada sujeito da pesquisa, o qual chamamos de P1, P2 e assim sucessivamente.

Para finalizar os resultados da pesquisa, trouxemos as considerações e percepções da pesquisadora durante o processo de aplicação dos instrumentos. Resgatamos falas e depoimentos dos professores sobre o que pensam quanto à possibilidade de mudança na prática pedagógica após a vivência do PEI.

Gráfico 1 – Resultados Globais dos Critérios Intencionalidade e Reciprocidade, Transcendência e Significado

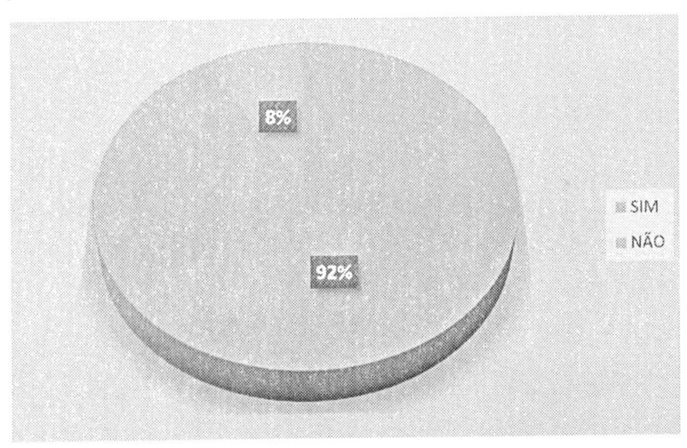

Fonte: elaboração dos autores

Conforme o gráfico apresentado, podemos inferir que o percentual de professores que demonstraram mudanças comportamentais e cognitivas, mudanças nos ambientes de aprendizagem e na transferência dessa aprendizagem para o contexto da aula compreende aprendizagem significativa. Nesse sentido, conforme recomenda Skinner (1995, p. 44), o "[...] comportamento também passou a ser parte do escopo de uma análise científica".

Nota-se como a mudança estava presente no cotidiano da prática pedagógica dos professores, incluindo 92% deles. Cada critério promoveu um resultado significativo, produzindo mudanças de relacionamento, de autonomia, envolvendo capacidade de refletir sobre o processo de trabalho didático pedagógico-formativo.

É possível observar que 8%, que representa um professor não apresentou mudanças na sua prática pedagógica. A sala de aula ainda não era vista por ele como um espaço complementar da sua prática educativa, e os saberes que fundamentavam o exercício da docência perpassavam ensinar conteúdos, elaborar provas e diferenciar metodologias. É um percentual que pode estar em processo de mudança, e que, até o momento da análise, não foi possível verificar.

Pode-se constatar que o acréscimo de 92% dos critérios intencionalidade, transcendência e significado que definem os indicadores observados representam a mudança já incorporada na prática pedagógica dos professores. Essa mudança percebida veio acrescida de um comportamento diferente daquele observado antes da aplicação do PEI.

O que constatamos sobre a prática pedagógica do professor, após a aplicação do PEI, foi uma mudança de atitude consciente que recebeu influência do seu comportamento cognitivo. Acrescida dessa mobilização, constatamos aprendizagem significativa que se fez presente pela ampliação cognitiva e o aumento de saberes que facilitaram ainda mais a compreensão do mundo, do senso crítico e a autonomia para assimilar a mudança.

Essa comprovação se deve as mudanças constatadas a partir da vivência da mediação. Com base na observação, as mudanças se tornaram mais visíveis quando os mesmos indicadores foram observados e comparados após a aplicação do PEI.

Nesse sentido, chamou-nos a atenção como ocorreram mudanças comportamentais, um exemplo foi o perfil observado em sala, o professor expressou uma postura mediadora, por meio do planejamento da aula focado em funções cognitivas e não mais somente em conteúdo. Trouxe para sua prática pedagógica a preocupação em buscar informações para conhecer as dificuldades de aprendizagens dos alunos, antes de responder a uma pergunta. Manifestaram segurança ao provocar nos alunos a necessidade da autonomia para criarem estratégias diante da solução de um exercício.

Essa renovação didática foi manifestada por eles de maneira espontânea, como se outros elementos passassem a pertencer a sua cultura pedagógica, como a autoexigência, a flexibilidade, a cooperação e a interação.

Critério Intencionalidade e Reciprocidade

A intencionalidade e reciprocidade são considerados o primeiro dos três critérios universais. Contudo, um ambiente favorável para aprendizagem mediada necessita participação ativa de mediador e mediado. O processo de aprendizagem é intencional, não casual.

As primeiras mudanças[30] observadas no trabalho dos professores em sala de aula, após a vivência da mediação com a intervenção do PEI, seguiram uma evolução significativa. Um dos aspectos que mais apresentou modificações diz respeito ao pensar sobre o processo de aprender. Essa constatação ficou clara durante a vivência dos professores com os instrumentos do PEI e se complementou no ambiente de sala de aula, permitindo os professores saírem de uma condição de aluno para professor.

Porém, para observarmos o que o critério intencionalidade e reciprocidade significa no processo de ensino e aprendizagem, é essencial contextualizarmos o que Feuerstein (2013) recomenda sobre este critério. Segundo o autor, todo ato educativo deve ser seguido por um objetivo intencional. A reciprocidade é uma atitude do mediado diante do contexto de aprendizagem. A intencionalidade e reciprocidade juntas tornam-se condição essencial para criar aprendizagem mediada, característica primeira para a modificabilidade. Conforme podemos observar no gráfico a seguir:

Gráfico 2 – Da ocorrência de mudança no critério Intencionalidade e Reciprocidade

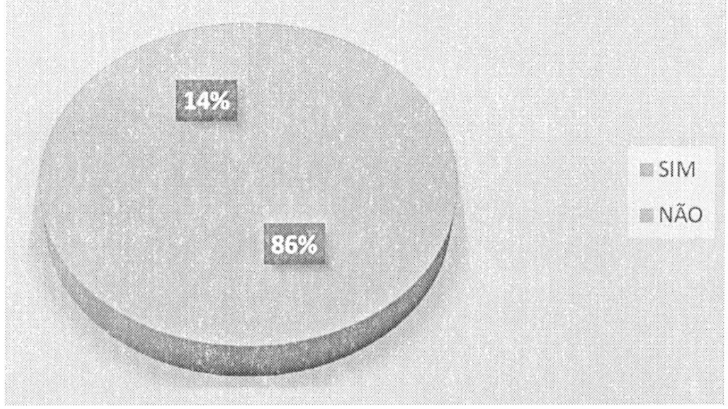

Fonte: elaboração dos autores

[30] No contexto da modificabilidade, o termo mudança é tratado na estrutura do pensamento. Uma mudança do tipo substancial requer um conjunto de estratégias de pensamento e perspectivas sobre a forma como está acontecendo- como atender o estímulo, como operar (manipular, comparar).

Podemos observar que os professores conseguiram selecionar conteúdos de acordo com os objetivos de desenvolvimento cognitivo. Relacionaram a experiência da aprendizagem e estimularam a busca de novas relações, de modo a enriquecer o processo de mediação.

Tabela 1 – Critério 1

Critério 1 - Intencionalidade e Reciprocidade		
Mudanças	SIM	NÃO
A - O professor apresenta objetivos educacionais claros para a aula.	78%	22%
B - A turma demonstra interesse e envolvimento nas atividades propostas.	78%	22%
C - Cria uma atmosfera propícia à aprendizagem.	100%	0%
D - estimula o interesse e a motivação dos alunos pelo tema que se trata.	67%	33%
E - manifesta interesse pelos alunos e seus trabalhos.	89%	11%
F - expressa alegria pelos acertos de seus alunos.	100%	0%
G - explica novamente os conceitos não compreendidos.	89%	11%
H - escuta pacientemente as perguntas e responde com amabilidade.	89%	11%
MÉDIA	**86%**	**14%**

Fonte: elaboração dos autores

O critério intencionalidade e reciprocidade já era parte da atmosfera de aprendizagem de 86% dos professores, isso se via refletido nas aulas, no preparo do material didático, e na desenvoltura em provocar o interesse e a motivação sobre os conteúdos e as atividades estudadas.

Neste mesmo critério, observa-se uma desigualdade de mudanças relacionadas à aprendizagem, que reflete 14% dos professores que não demonstraram diferenças significativas nas suas aulas. Essa porcentagem pode ser decorrente do tempo que a mudança precisa para se manifestar, ou seja, talvez para estes professores fosse necessário dar mais tempo para a aprendizagem se processar e, dessa forma, apresentar-se por meio do seu trabalho.

A seguir apresentamos o conjunto de gráficos simbolizando a observação de cada indicador dos Critérios Intencionalidade e Reciprocidade, Transcendência e Significado. Os gráficos se originaram da observação do antes e do após a aplicação do PEI. O P1, P2 e assim sucessivamente se referem a cada professor. A cor vermelha se refere ao momento antes, a cor azul se refere ao momento após a aplicação do PEI. Logo abaixo, pode-se observar a Escala de pontuação de presença de indicadores de cada critério utilizado para gerar os gráficos.

O que observamos nas aulas do grupo de professores, após a vivência da mediação, nos mostrou que, para o critério se realizar na sua completude, demanda surgirem mais necessidades tanto dos professores quanto dos alunos para alguns componentes que sustentam uma interação, por exemplo, modificar significativamente o estímulo, o mediador tem o *feeling* de selecionar para o mediado componentes que serão responsáveis por provocar o pensamento estruturado para entender fenômenos e procurar entre eles associações e conexões. Essa percepção, durante a aula, por parte dos professores, daria conta de focar nos processos cognitivos dos alunos para aprofundar estímulos e gerar uma interação mediada.

Na visão de Nogaro (2013, p. 21), "a sala de aula deve ser lugar para a discussão de valores, de clarificação de conceitos, de exposição plural de ideias [...] dar oportunidade para que os educandos desenvolvam as competências necessárias para o seu pensar autônomo".

Neste sentido, constatamos, durante a análise dos indicadores do critério Intencionalidade e Reciprocidade, que as mudanças que ocorreram com os professores estavam relacionadas à flexibilidade da sua postura em sala, revelando atitudes colaborativas, preocupação em interpretar dúvidas dos alunos e, acima de tudo, automedicar-se em relação à sua impulsividade em apenas responder.

No sentido das mudanças[31] relacionadas ao conjunto de operações mentais, em alguns momentos, os professores demonstraram trabalhar os conteúdos, os exercícios e atividades sem deixar clara a intencionalidade. Por esse motivo, em alguns momentos o único foco da aula foi o conteúdo pelo conteúdo. Nesse sentido, percebemos que ocorreram poucas mudanças relacionadas ao seu aprendizado quanto à manipulação do conjunto de operações mentais e funções cognitivas. Por exemplo: perceber e definir a origem do não "entendimento" por parte do aluno. Uma pergunta que complementaria a intencionalidade: o que você não entendeu?

Ainda há dificuldades por parte dos professores em interpretarem, na dinâmica da sala de aula, que a falta de mediação pode comprometer todos

[31] A primeira qualidade da mudança é reconhecida da seguinte forma: Toda a mudança que acontece em uma parte altera o todo ao qual pertence. A natureza e as dimensões da mudança podem ser lidas no livro: *Além da inteligência*. Aprendizagem mediada e a capacidade de mudança no cérebro (FEUERSTEIN, 2014).

os indicadores deste critério e afetar a mediação de outros. A influência da mediação do critério intencionalidade e reciprocidade no contexto do ensino e aprendizagem conduz, naturalmente, à diferenciação entre aprendizagem por exposição e aprendizagem mediada. Compreender essa diferença é, sem dúvida, a questão mais importante para gerar aprendizagem significativa nos professores.

Uma segunda implicação observada neste critério, que pode ser potencializada, são as ações relacionadas aos indicadores que apareceram, mas não ficaram claros para os alunos, a baixa frequência do indicador pode comprometer o trabalho do professor sem que ele perceba. Por exemplo, situações do tipo: os alunos participam pouco da minha aula.

Constatou-se que ocorreu com frequência a organização dos estímulos para manter uma atmosfera de aprendizagem, os professores provocavam o interesse sobre os conteúdos para gerar uma interação entre aluno e professor. É um critério que necessita que os professores colham muitas informações sobre o processo de aprendizagem de seus alunos. Neste caso, faltou aos professores explorar mais os conteúdos e acompanhar os alunos no processo de aprendizagem, algumas dúvidas surgiram em decorrência da não compreensão dos alunos sobre a atividade proposta pelos professores.

O indicador "cria uma atmosfera propícia para a aprendizagem", precisa avançar no aspecto da preocupação do ambiente da sala de aula e evoluir para o campo dos estímulos a fim de atingir operações mentais. Feuerstein (2013) se refere aos estímulos como a sensibilidade do mediador em perceber que aquele estímulo está muito superficial e necessita considerar as reações do comportamento do mediado para intensificar a mediação entre estímulo e a resposta.

A função do mediador não é apenas a de levar o indivíduo a perceber e registrar os estímulos, mas de determinar certas mudanças na maneira de processar e utilizar as informações.

Respondendo aos indicadores "estimula o interesse e a motivação dos alunos pelo tema que se trata com objetivos educacionais claros para a aula", os professores precisam incorporar mais a mediação, neste aspecto, eles não apresentaram aprendizagem significativa, transpondo para sua prática diferentes abordagens para situações semelhantes. Incrementar sua aula com perguntas inteligentes, que, segundo Gomes (2002) são perguntas que estimulam a reflexão e incentivam os processos de generalização do conteúdo, adentrando no campo cognitivo.

Os professores exerceram, em muitos momentos, o papel de conduzir intencionalmente o processo de aprendizagem para a aquisição de aprendizagem significativa. De acordo com Ausubel, Novak e Hanesian (1980), à medida que o professor relaciona processos cognitivos de forma arbitrária, estabelece relações entre os conhecimentos já existentes e os novos, favorece a expansão da estrutura cognitiva do aluno.

Para Nogaro (2013, p. 21), "o desenvolvimento de competências significa capacidade de mobilizar diversos recursos cognitivos para enfrentar situações novas". O conteúdo pode ser um meio para desenvolver competências. Para o autor citado, "o pensamento é um trabalho que consiste em produzir um saber novo pela mediação da reflexão do sujeito sobre sua experiência vivida, a fim de transformá-la, de algo não sabido- a um saber compreendido".

Observando o indicador "manifesta interesse e expressa alegria pelos alunos e seus trabalhos, respondendo com amabilidade", houve por parte dos professores uma reflexão sobre o seu papel no desenvolvimento do potencial dos alunos. Neste indicador ficou muito claro um comportamento natural de interação, na medida em que os alunos compreendiam os exercícios os professores se afastavam, criando um ambiente intencional para a autonomia do aluno.

Sobre o indicador "explica novamente os conceitos não compreendidos", percebemos que os professores compreenderam a mediação com a cordialidade. Responderam às perguntas com muita amabilidade, e não instigavam a resposta dos alunos.

A presença deste indicador foi constante durante as aulas, ele não se realizou na íntegra porque a mediação requer dos professores uma intencionalidade deliberada, e, ao responder dúvidas dos alunos, os professores entregam a resposta pronta e não lançam perguntas mediadoras, por exemplo: descreva a relação, qual sua análise sobre, como você chegou nesta conclusão? Esse indicador é considerado chave porque, a partir dele, os professores fazem uma sondagem das principais dificuldades do aluno e, a partir delas, procuram identificar em quais funções cognitivas estão as dificuldades e se estão relacionadas à compreensão do conteúdo ou à sua elaboração.

A presença do critério intencionalidade e reciprocidade foi percebida em todas as aulas, da mesma forma a sua mediação, com índices de frequência diferentes. Consideramos importante os professores evocarem estratégias metodológicas em que, além de mostrar a sua intencionalidade, os professores saibam selecionar materiais que enfatizem determinadas funções cognitivas que são deficientes nos alunos.

Para fortalecer o trabalho pedagógico do professor, e auxiliar a sua prática pedagógica, podemos ampliar sua visão sobre mediação e a transferência deste conceito para a sua vida. O que mais se percebeu em relação ao critério intencionalidade e reciprocidade foi o fortalecimento da crença na mudança.

Os professores acreditavam que estar aberto para aprender é um exercício constante na tomada de consciência da mudança do aluno e de si mesmo. Este foi o maior ganho em relação à reciprocidade dos professores em relação à vivência da mediação com os instrumentos do Programa.

Gráfico 3 – Critério Intencionalidade e Reciprocidade

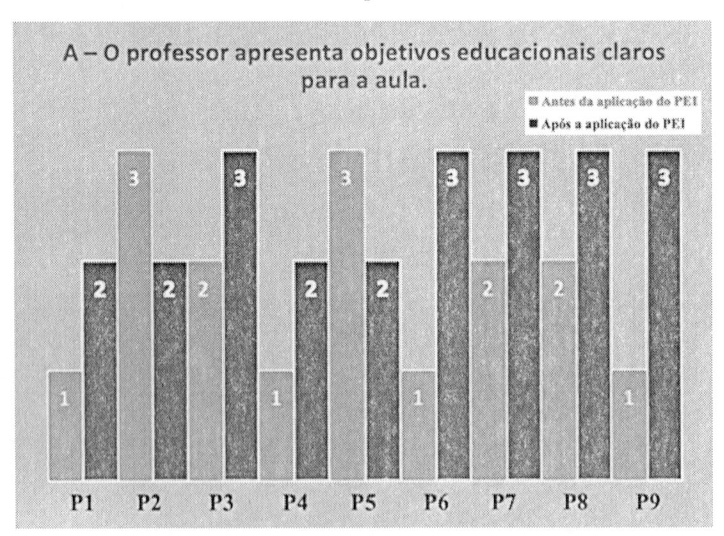

Fonte: elaboração dos autores

No gráfico 3 nossa proposta era reunir elementos que definissem como o professor envolvia os alunos na aprendizagem e de que forma ele organizava as informações para alcançar os objetivos. Conforme consta no gráfico, é possível observar que após a aplicação os professores demonstraram de forma clara estabelecer metas, selecionar objetivos e envolver os alunos nas experiências da aprendizagem de forma a desenvolver funções cognitivas.

Gráfico 4 – Critério Intencionalidade e Reciprocidade

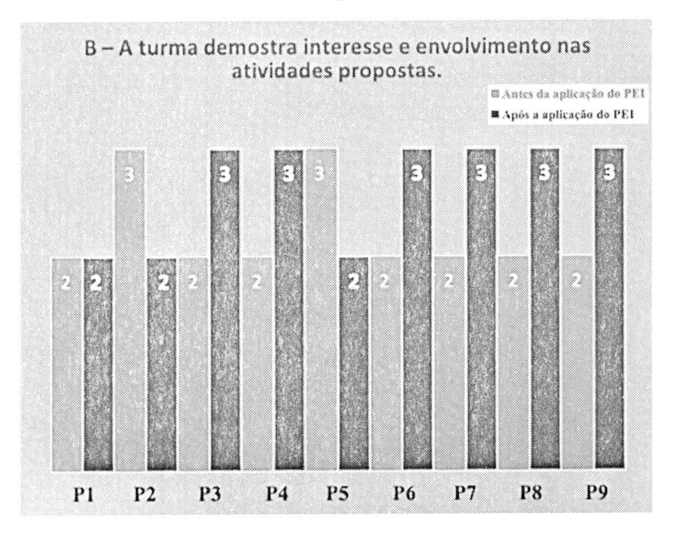

Fonte: elaboração dos autores

Observa-se que os professores conseguiram criar um ambiente diferenciado para as atividades em sala de aula. Essa mudança nas atividades provocou nos alunos mais interesse e envolvimento. Essa atitude, promoveu uma reação positiva dos alunos frente ao processo ensino e aprendizagem.

Gráfico 5 – Critério Intencionalidade e Reciprocidade

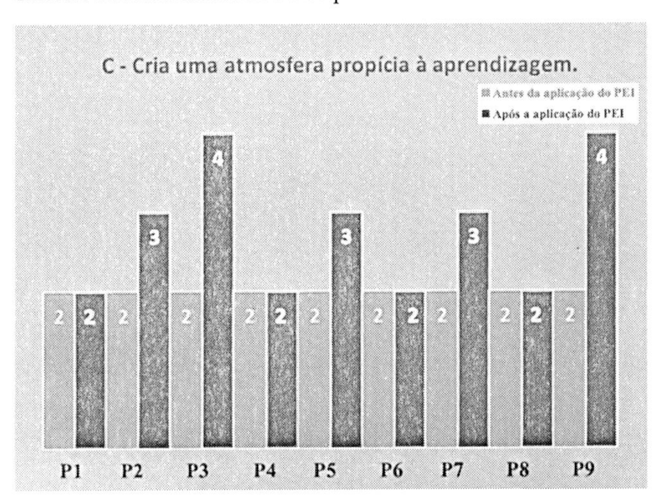

Fonte: elaboração dos autores

Podemos observar no gráfico que criar condições em sala de aula para os alunos inclui selecionar critérios de mediação segundo a necessidade dos alunos. Uma atmosfera propicia para aprendizagem implica em o professor selecionar estratégias envolvendo os alunos nas tarefas ajudando-os nos seus processos de busca e de assimilação dos conteúdos.

Gráfico 6 – Critério Intencionalidade e Reciprocidade

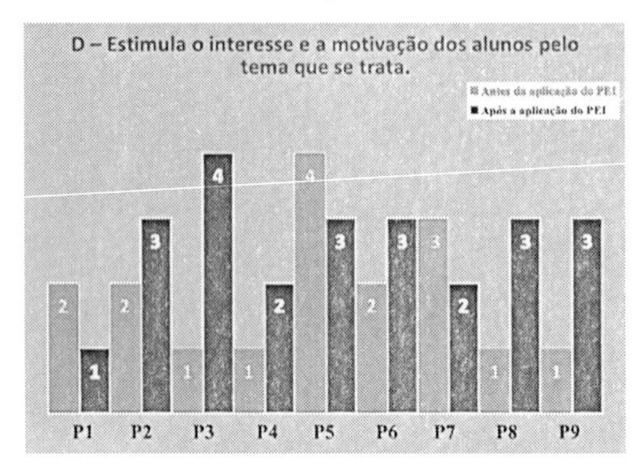

Fonte: elaboração dos autores

Podemos observar que quando o professor cria uma atmosfera para propiciar a aprendizagem, o interesse e a motivação dos alunos são potencializadas. Essa diferença foi constatada quando os professores entenderam que o critério intencionalidade e reciprocidade fazem parte de um conjunto de ações que tem como objetivo dinamizar as funções cognitivas.

Gráfico 7 – Critério Intencionalidade e Reciprocidade

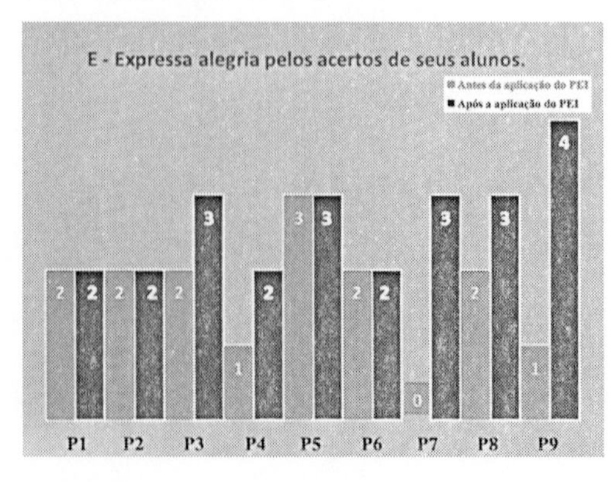

Fonte: elaboração dos autores

O envolvimento dos professores com as diversas reações dos alunos expressa interação e atitude por parte do professor. Essa postura demonstra que o professor cria uma atmosfera que aumenta o sentimento de competência dos alunos expressando alegria pela aprendizagem.

Gráfico 8 – Critério Intencionalidade e Reciprocidade

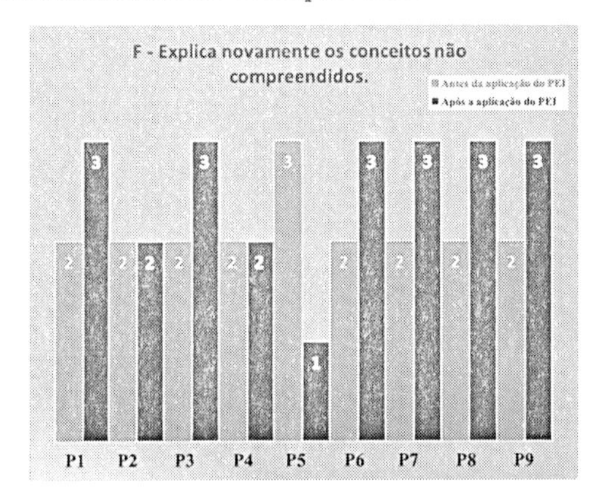

Fonte: elaboração dos autores

O envolvimento dos professores com os alunos no processo de ensino mostrou maior atenção em perceber as dificuldades e necessidades dos alunos quanto ao conteúdo trabalhado. Tais manifestações oportunizaram que os alunos se envolvessem mais nas atividades além de gerar um diálogo entre professor e aluno.

Gráfico 9 – Critério Intencionalidade e Reciprocidade

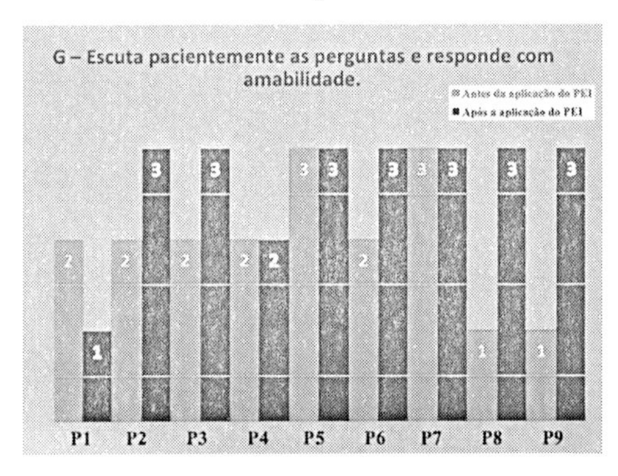

Fonte: elaboração dos autores

A interação entre professor e aluno é considerado um princípio na mediação da aprendizagem. Estabelecer relações de proximidade e vínculos com os alunos além de essencial da animo para o aluno sentir-se aceito tanto nos aspectos afetivos como sociais e culturais.

Tabela 2 – Escala de pontuação de presença de indicadores de cada Critério Universal

0	O indicador não aparece durante as aulas
1	O indicador aparece raramente durante a aula
2	O indicador aparece com frequência
3	O indicador aparece de forma explicita e frequente
4	O indicador aparece de forma clara e se aprofunda

Fonte: elaboração dos autores

Critério Transcendência

O segundo critério analisado é a transcendência. Feuerstein (2013) descreve que transcender o contexto imediato e projetar relações longínquas amplia o sistema de necessidades do mediado e mobiliza conceitos e significações. É um critério altamente visível, porque ele complementa a intencionalidade e a reciprocidade. A mediação possibilita provocar uma ação mental capaz de relacionar conteúdos prévios com futuros, e provocar no mediado o interesse por perguntas altamente valorativas para o processo de aprendizagem, incidindo no hábito de pensar sobre suas respostas, percebendo a correlação das perguntas: por quê? Como? Qual? O critério transcender tem como objetivo levar o aluno a pensar sobre os processos de aprendizagem, desenvolvendo o hábito da metacognição.

Os indicadores usados na avaliação deste critério serviram como *start* para a sondagem do comportamento dos professores em relação às mudanças geradas a partir da vivência da mediação do PEI.

A análise dos indicadores buscou entender a relação individual entre o conteúdo do indicador e a presença deste durante as aulas, a sua regularidade nos conteúdos estudados, e o seu efeito no desenvolvimento das competências cognitivas utilizadas no processo de construção do conhecimento no ambiente de sala de aula, conforme observado no gráfico a seguir.

Gráfico 10 – Da ocorrência de mudança no critério Transcendência

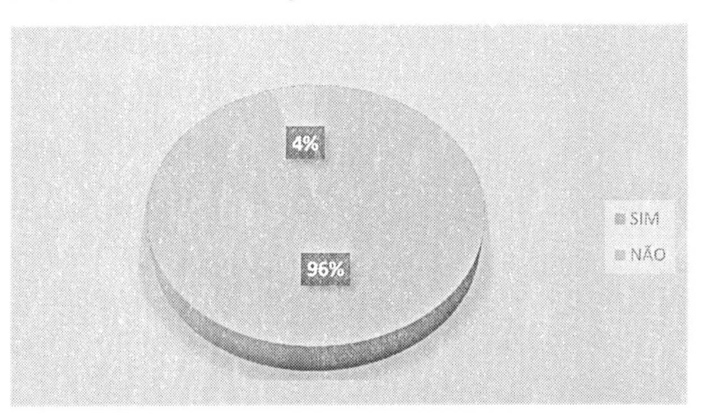

Fonte: elaboração dos autores

Produzir no mediado mudanças estruturais ajudam a responder novas experiências e a atingir objetivos e necessidades que ultrapassam o "aqui e agora". A transcendência permite que o mediado possa antecipar acontecimentos e promover a aquisição de princípios, conceitos ou estratégias que possam ser generalizadas para outros contextos.

Tabela 3 – Critério 2

Critério 2 – Transcendência		
Mudanças	**Sim**	**Não**
A - Relaciona com os temas anteriores.	100%	0%
B - Expressa relação entre o aprendido e os objetivos.	78%	22%
C - Se assegura que os alunos possuam capacidades para realizar as tarefas.	100%	0%
D - Explica a razão das suas ações e decisões.	89%	11%
E - Pede aos alunos que raciocinem suas respostas e decisões.	100%	0%
F - Trata os fatos, conceitos e princípios além do que é necessário na situação atual.	100%	0%
G - Anima a utilizar as funções cognitivas (representação, inferência, classificação).	89%	11%
H - Estimula as atividades de definição e solução de problemas.	100%	0%
I - Trata de gerar a generalização em forma de princípios.	100%	0%
J - Pede aos alunos que formulem princípios a das aplicações concretas.	100%	0%
MÉDIA	**96%**	**4%**

Fonte: elaboração dos autores

Os resultados globais e respectivos dos ganhos e melhorias provocadas pela intervenção do PEI no critério Transcendência são expressivos. O percentual de 96% de mudança demonstra o seu impacto positivo na aprendizagem significativa dos professores, e como eles conseguiram demonstrar isso na prática pedagógica, já apresentando métodos diferenciados de trabalho, novas estratégias e novos tipos de organização.

Verificou-se também que havia uma abertura para os processos de pensamento quando eles eram desafiados pelos alunos, e instigados a demonstrar o potencial didático que tinham, revendo estratégias, reelaborando atividades ou até mesmo trabalhando em aula situações problemas, que colocavam o aluno numa condição ativa de aprendente.

O fato de 4% não apresentarem significativamente mudanças por meio do seu trabalho em sala de aula, permite depreender aprendizagem significativa, embora ainda tímida. Eles conseguiam fazer boas relações com a sua experiência a partir do PEI e à sua experiência na docência.

A observação dos indicadores "expressa relação entre o aprendido e os objetivos de temas anteriores" foi definida como um indicador-chave para sondar como os professores respondiam às novas situações de aprendizagem, e como organizavam esses novos saberes

Observou-se que os professores estavam preocupados com o conteúdo, assegurar que ele foi aprendido e demonstrado pelo aluno, era uma segurança que os professores expressavam, a todo o momento, em relação aos exercícios e trabalhos em sala. O que poderia ser potencializado nos professores era a elaboração conceitual do termo "transcendência".

Comprovou-se isso a partir da observação de que todos os professores faziam relações entre teoria e prática com exemplos majestosos, mas, no momento que precisavam avaliar o desempenho dos alunos nestes indicadores, faltou estabelecer mais relações que produzissem informações significativas para ele conduzir às generalizações e à transcendência do conteúdo. Para o indicador "pede aos alunos que raciocinem suas respostas e decisões, animando-os a utilizar funções cognitivas", ainda há carência de um planejamento contemplando atividades, exercícios apoiados em operações mentais e funções cognitivas, caso tenham planejado, ficou pouco manifesto.

Ficou explícita, em todas as atividades dos professores, a frequência do indicador "trata os fatos, conceitos e princípios além do que é necessário na situação atual". Isso se deve às ações que focam muito na teoria e na prática, os exemplos são característicos da intenção que os professores têm em avançar do nível concreto para níveis mais abstratos, possibilitando estendê-los para diferentes contextos.

No indicador "estimula as atividades de definição e solução de problemas", os professores se colocam sempre à disposição e ajudam os alunos nas atividades. Percebemos que faltou desafiar os alunos com exercícios que gerassem conflitos cognitivos, que levassem a mais de uma resposta, ou exercícios que provocassem o pensamento divergente.

A partir da análise deste critério a respeito dos indicadores, foi o critério que mais manifestou mudanças após a vivência da mediação com aplicação do PEI.

Três aspectos simbolizam muito essa mudança: a mobilização dos professores frente a uma teoria que lhes era desconhecida; o seu reconhecimento como aluno professor; e as suas ações que foram se modificando num processo contínuo, cujo crescimento é parte inseparável dos resultados obtidos no último critério, o significado.

Gráfico 11 – Critério Transcendência

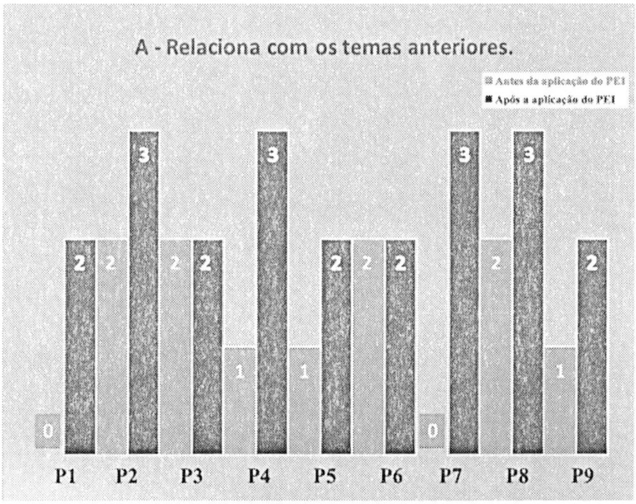

A - Relaciona com os temas anteriores.

Antes da aplicação do PEI
Após a aplicação do PEI

0 2 2 3 2 2 1 3 1 2 2 2 0 3 2 3 1 2

P1 P2 P3 P4 P5 P6 P7 P8 P9

Fonte: elaboração dos autores

A qualidade da interação promovida pelo mediador de forma consciente indica que a relação com outros temas e com outras áreas sinaliza que o aluno interiorizou e organizou as informações colocando em funcionamento as operações mentais de análise, comparação é síntese.

Gráfico 12 – Critério Transcendência

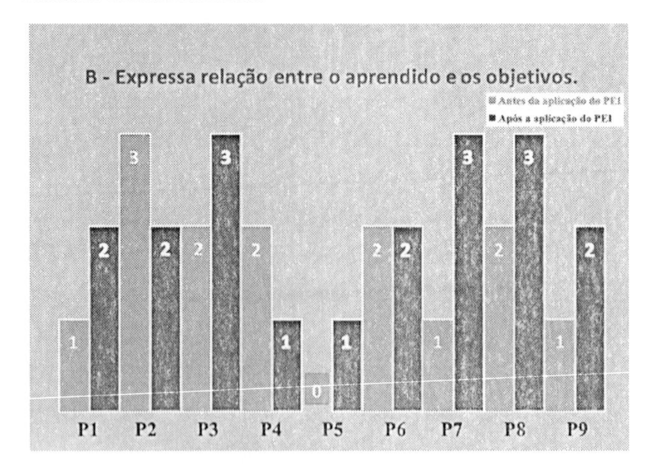

Fonte: elaboração dos autores

Ao relacionar o que foi aprendido com os objetivos o aluno torna-se capaz de integrar os conhecimentos com conteúdos novos. Para transcender o aluno precisa selecionar aquilo que é essencial e a sua aplicabilidade.

Gráfico 13 – Critério Transcendência

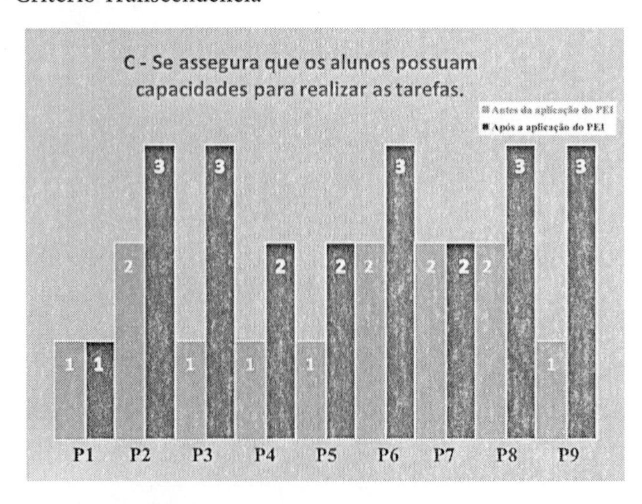

Fonte: elaboração dos autores

Para transcender o aluno precisa relacionar uma serie de conhecimentos, a fim de generalizar conhecimentos para outras atividades e áreas.

Gráfico 14 – Critério Transcendência

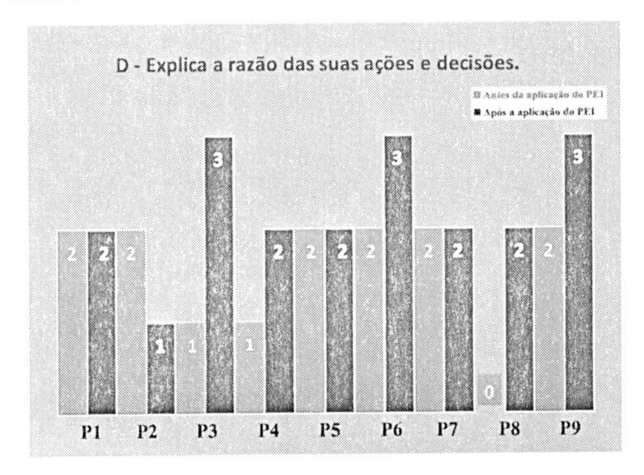

Fonte: elaboração dos autores

Comunicar-se de forma clara e objetiva com os alunos no momento das atividades é uma conduta importante por parte do professor, pois tanto o professor como o aluno reconhecem que no âmbito da sala de aula toda a intenção tem um objetivo e precisa ser explicitado.

Gráfico 15 – Critério Transcendência

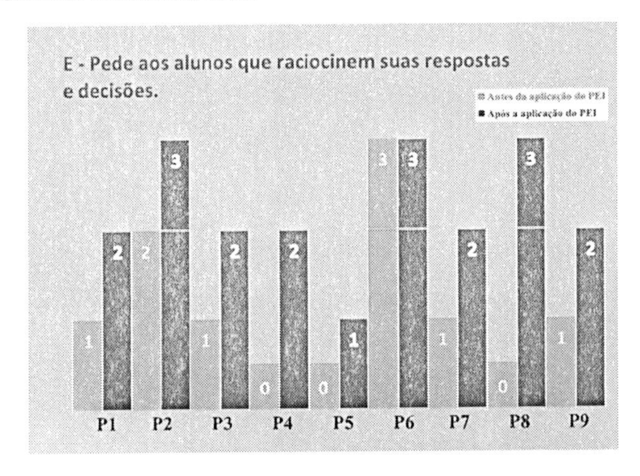

Fonte: elaboração dos autores

Mediar o aluno para desenvolver a autoconfiança para tomar decisão requer por parte do mediador desenvolver a autonomia intelectual, a interação e do mediado.

Gráfico 16 – Critério Transcendência

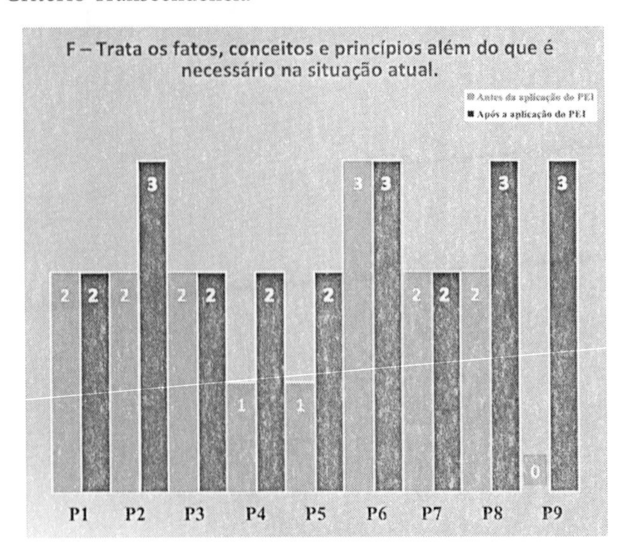

Fonte: elaboração dos autores

Trabalhar a mediação no nível da autonomia intelectual promove o desenvolvimento das funções cognitivas que levam o mediado a fazer relações, a selecionar informações relevantes e criar estratégias para a aprendizagem significativa.

Gráfico 17 – Critério Transcendência

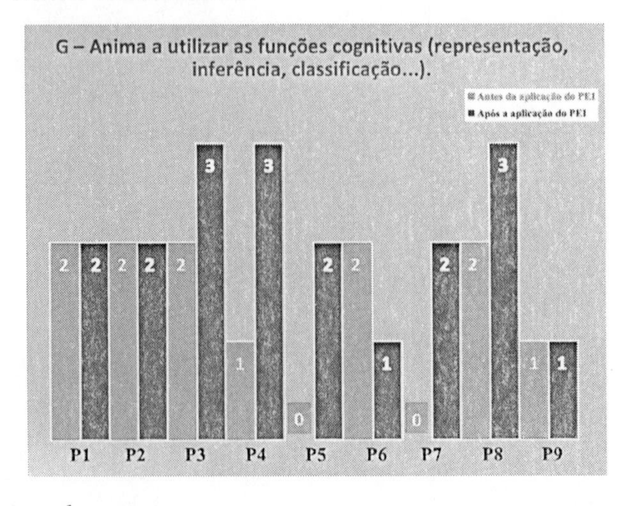

Fonte: elaboração dos autores

Promover atividades, tarefas e exercícios que levem o aluno a utilizar as funções cognitivas automatiza habilidades e potencializa o desenvolvimento intelectual. Esta é uma condição da crença na inteligência fluida, base para a modificabilidade estrutural.

Gráfico 18 – Critério Transcendência

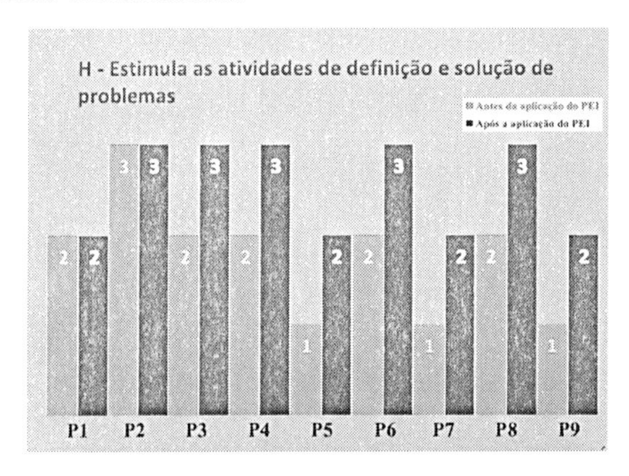

Fonte: elaboração dos autores

Propor aos alunos situações novas e complexas para resolver problemas ou propor soluções é uma habilidade que o mediador pode desenvolver trabalhando funções cognitivas deficientes. Observa-se que os professores após a aplicação do PEI passaram a encorajar os alunos a confrontarem novas ideias e a assumir riscos em relação a propor soluções para diferentes problemas.

Gráfico 19 – Critério Transcendência

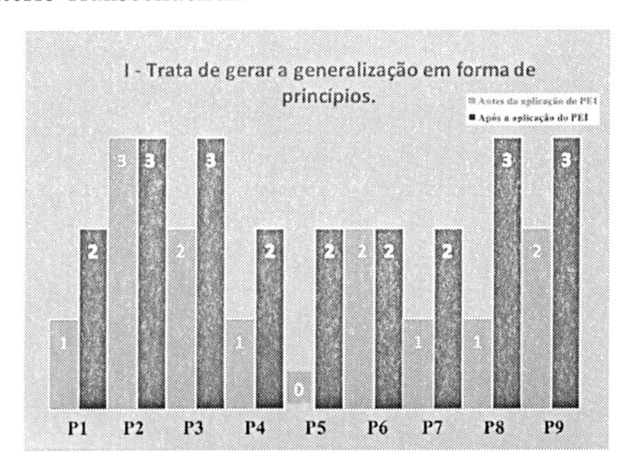

Fonte: elaboração dos autores

Trabalhar a generalização estimula o aluno a fazer operações mentais reunindo um conjunto de informações que podem ser aplicadas em contextos diferentes. Criar princípios permite o aluno a organizar e integrar informações num sistema significativo e inter-relacioná-las.

Gráfico 20 – Critério Transcendência

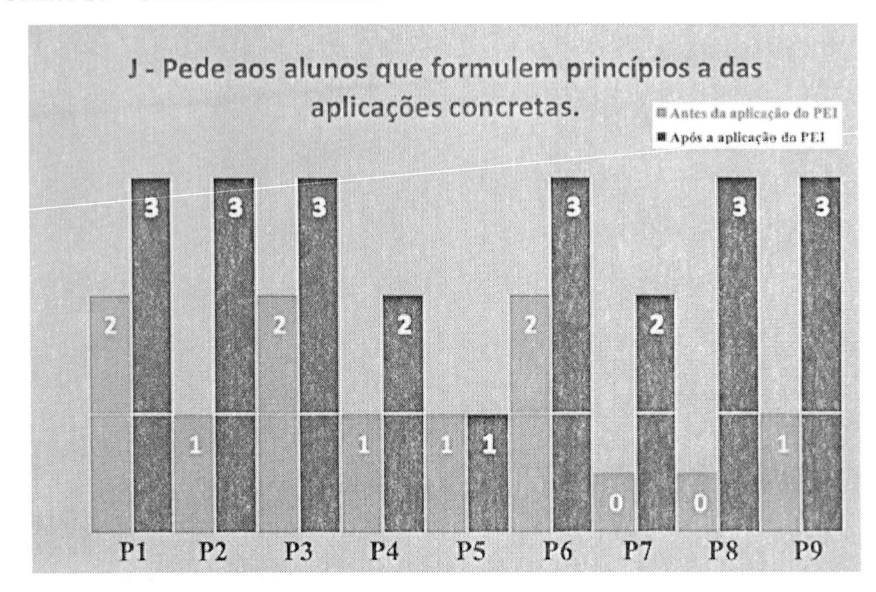

Fonte: elaboração dos autores

Criar princípios permite ao aluno prever novas situações, descontextualizar e generalizar os conhecimentos. Extrair os elementos essenciais da atividade e formular hipóteses e trabalhar de forma lógica num problema.

Tabela 4 – Escala de pontuação de presença de indicadores de cada Critério Universal

0	O indicador não aparece durante as aulas
1	O indicador aparece raramente durante a aula
2	O indicador aparece com frequência
3	O indicador aparece de forma explicita e frequente
4	O indicador aparece de forma clara e se aprofunda

Fonte: elaboração dos autores

Critério Significado

O terceiro componente considerado "essencial para a existência de interações com valor de mediação, é a mediação de significado" (FEUERSTEIN; FEUERSTEIN; FALIK, 2014, p. 89). O significado pode ser entendido como o sentido, a energia que se constitui no motivo primeiro para ocorrer a modificabilidade. Para Gomes (2002, p. 91), "a mediação de significados é a ponte entre plano cognitivo e o plano afetivo-emocional".

Esse critério é rico em interpretações que levam o mediador e o mediado a diferentes significações atribuídas desde fatos culturalmente transmitidos até a significação deles no contexto de aprendizagem e estendidos à realidade do indivíduo.

Gráfico 21 – Ocorrência de mudanças no critério Significado

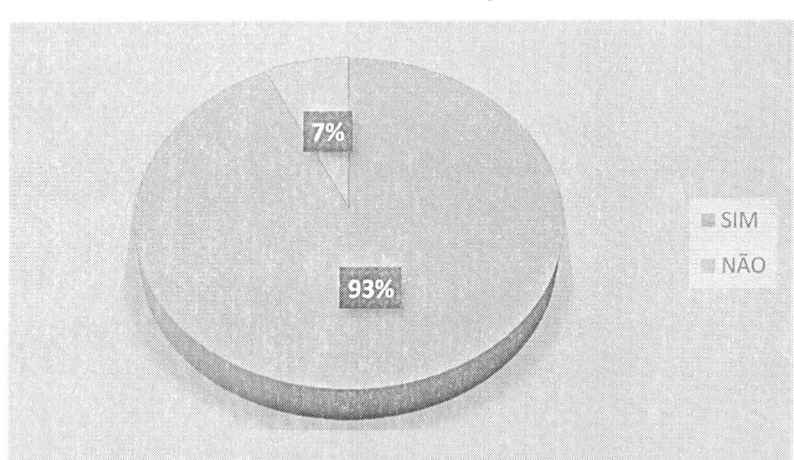

Fonte: elaboração dos autores

O critério significado foi mediado nos aspectos que envolviam o conhecimento, os valores e as crenças. Na interação, observamos que os três elementos foram relacionados com aprendizagens anteriores. Para ocorrer significado, o mediador precisa demonstrar interesse e envolvimento emocional com os mediados. A interação pode ser verbal (enfatiza-se o valor, a importância da atividade e o incentivo a análise da atividade), a não verbal (entonação da voz, gestos e formas de olhar).

Tabela 5 – Critério 3

Critério 3 – Significado		
Mudanças	**Sim**	**Não**
A - Apresenta as tarefas de forma relevante, implicando na atividade do aluno.	78%	22%
B - Modifica seu próprio comportamento (postura, expressão, tônus).	89%	11%
C - Ajuda a descobrir o sentido positivo das coisas, da vida, do trabalho.	100%	0%
D - Amplia o significado de cada objeto, palavra ou princípio.	100%	0%
E - Realiza o feedback de certos comportamentos, estratégias e respostas.	89%	11%
F - Ajuda a prever consequências dos comportamentos.	89%	11%
G - Manifesta abertamente suas próprias intenções sobre o que se ensina ou se discute.	100%	0%
H - Faz aplicações do conteúdo com questões sociais e culturais.	100%	0%
MÉDIA	**93%**	7%

Fonte: elaboração dos autores

Conforme o Gráfico 21, este último critério analisado nos fornece evidências do quanto os efeitos do PEI já refletiam na prática do professor, ou seja, 93% conseguiam corrigir atitudes de resistência, de impulsividade e de sua própria cobrança em "dar conta do recado"[32] durante as aulas.

As melhorias significativas em termos de aproveitamento nas habilidades profissionais e na autoestima se comparam aos ganhos significativos em termos cognitivos. O professor compreende com maior profundidade os conteúdos da sua disciplina, significando-os em diferentes contextos, não os concentrando apenas para o momento da aula.

O fato de 7% não terem demonstrado diferenças significativas durante as aulas ilustra que ainda não haviam ocorrido mudanças percebíveis nos fatores motivacionais e atitudinais dos professores, e isso nos dá condições de reavaliar futuramente porque os efeitos do PEI não foram suficientes para produzir mudanças significativas.

A avaliação do indicador "faz aplicações do conteúdo com questões sociais e culturais" reflete o nível de aprendizagem significativa que os professores alcançaram, e a relação entre os elementos integrantes da mediação e o critério significado.

[32] O termo "dar conta do recado" foi utilizado pelo grupo quando se referiam a trabalhar os conteúdos da ementa, fazer os exercícios em sala, avaliar o conteúdo estudado e dar *feedback*.

Na nossa percepção, este critério foi o que mais gerou aprendizagem significativa nos professores. Podem-se constatar em tal postura mudanças agregadas no seu fazer pedagógico, isto ficou visível, em relação aos indicadores "modifica seu próprio comportamento (postura, expressão, tônus), ampliando o significado positivo das coisas, da vida, do trabalho". As informações coletadas nestes indicadores contribuíram para estimular nos professores o sentimento de competência no papel exercido em sala de aula.

O complemento dessa afirmativa se revelou no indicador "apresenta as tarefas de forma relevante, implicando na atividade do aluno". Pôde-se observar como os professores especialistas da área construíam significados dos conteúdos para os alunos, exercendo uma mediação de significado e transcendência.

O indicador "manifesta abertamente suas próprias intenções sobre o que se ensina ou se discute" se validou na verificação do indicador "realiza *feedback* de certos comportamentos, estratégias e respostas". Neste critério, os professores conseguiram mostrar o quanto assimilaram a mudança e quanto apresentaram de sensibilidade para significar o contexto da sua aula.

O aspecto mais relevante deste critério, em relação às mudanças dos professores, é que eles se apropriaram de outras estratégias metodológicas, de outras formas de aprender e ensinar. Comprovou-se, durante a vivência da mediação dos professores com os instrumentos do Programa, que possibilitou para eles uma reflexão acerca da sua prática pedagógica, que trouxe mudanças significativas reconhecidas pelo próprio grupo, dentre elas, possibilidades de outras condições de aprendizagens, além daquelas conhecidas e focadas em conteúdo.

Esse conjunto de mudanças, produto da capacidade humana, como defende Feuerstein, está ligado à existência sob todos os aspectos, e se diferencia do conceito de modificabilidade. A modificabilidade pode ser descrita como um fenômeno cognitivo que se faz presente na ação, necessita penetrar no campo cognitivo, ela precisa ser aparente e transparente.

Contudo, podemos afirmar que, neste processo de aprendizagem dos professores, ocorreram mudanças que se apresentaram de forma explícita, mudanças significativas que surgiram por meio da vivência da mediação proposta pelo programa de enriquecimento instrumental, e estas se incorporaram às estruturas de conhecimento já existentes, atribuindo significados adicionais à sua prática pedagógica.

E quanto à modificabilidade, ela ocorreu? Esta constatação se apresentou a partir dos resultados analisados antes e após a aplicação do PEI. Durante a mediação, nosso olhar estava voltado para a internalização dos processos de aprendizagem estabelecidos na vivência dos professores com a mediação, nos processos interativos estabelecidos no ambiente e na reconstrução e significação dessa experiência que cada professor individualmente traduziu de um nível interpsicológico para um intrapsicológico.

Na análise das mudanças cognitivas, apontamos que não ocorreu modificabilidade. Constatamos que ocorreram mudanças que cresceram progressivamente, atingiram um nível de transferência numa modalidade lateral que podem ser consideradas aprendizagem significativa. O que justifica a aprendizagem significativa refere-se a todo o empenho dos professores durante o programa, ao exercício do desenvolvimento de algumas funções cognitivas, principalmente as relacionadas a fases de entrada, que lhes facilitaram o alojamento de novos conhecimentos acrescidos da teoria, que, somados à intervenção com o programa do PEI, modificaram a sua prática, revigorando consideravelmente sua condição de desenvolvimento contínuo.

No entanto, uma condição de modificabilidade requer outras exigências, sua natureza estrutural precisa estar de acordo com os quatro parâmetros refletidos na permanência, resistência, flexibilidade e generalização. Feuerstein, Feuerstein e Falik (2014) descrevem que a mudança precisa ser preservada com o tempo, sua permanência não é volúvel ao ambiente, se for, não é resistente. Se em situações novas se mostrar adaptável e conseguir aplicá-la em outros contextos, mostrou-se flexível. Se tudo isso ocorreu num tempo previsto para a mudança acontecer e se adaptar, ocorreu um processo de transformação, que representa para a teoria e para o indivíduo mudanças estruturais, resultando na modificabilidade.

A partir da descrição da mudança, iremos falar individualmente de cada professor com o objetivo de socializar os resultados alcançados sobre o olhar da vivência da mediação com a intervenção dos instrumentos do PEI.

Nessa linha de análise, neste contexto de pesquisa é preciso retomar a afirmação de Feuerstein, Feuerstein e Falik (2014) sobre as dimensões da mudança estrutural, que, segundo os autores, estão alicerçadas nas dimensões da permanência, resistência, flexibilidade e transformação.

Nosso olhar permitiu considerarmos, além da modificabilidade, o quanto as mudanças geraram aprendizagem significativa no professor e como tais aprendizagens se mantiveram presentes durante a sua prática pedagógica.

A seguir, mostraremos os resultados individuais de cada professor sobre a prática pedagógica após a vivência da mediação com a aplicação do PEI.

Gráfico 22 – Critério Significado

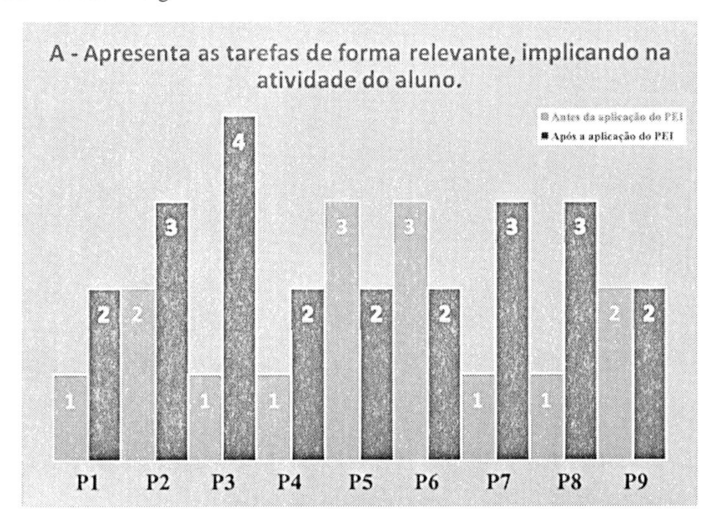

Fonte: elaboração dos autores

A mediação do critério significado consiste em apresentar situações de aprendizagem de forma que o aluno se envolva ativamente nas tarefas. Despertar no aluno o interesse pela tarefa explicando-o a finalidade almejada para ele descobrir seu verdadeiro significado.

Gráfico 23 – Critério Significado

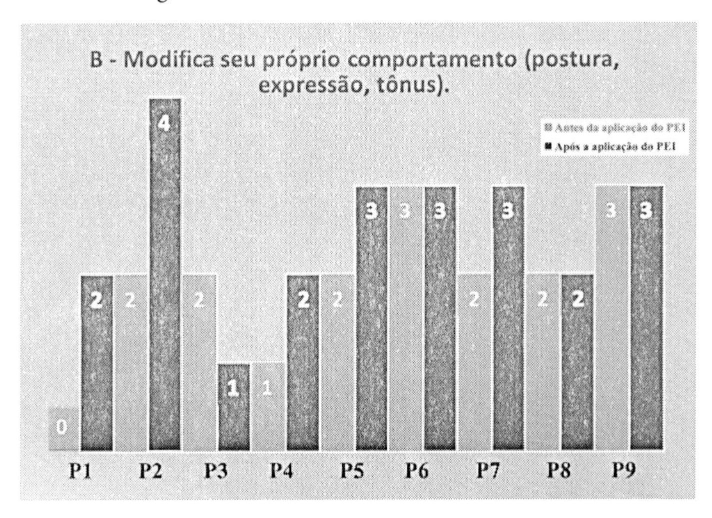

Fonte: elaboração dos autores

Ao conhecer as dificuldades de aprendizagem dos alunos, o professor procura identificar as funções cognitivas deficientes e combinar estratégias de aprendizagem que favoreçam o aluno a potencializar a aprendizagem.

Gráfico 24 – Critério Significado

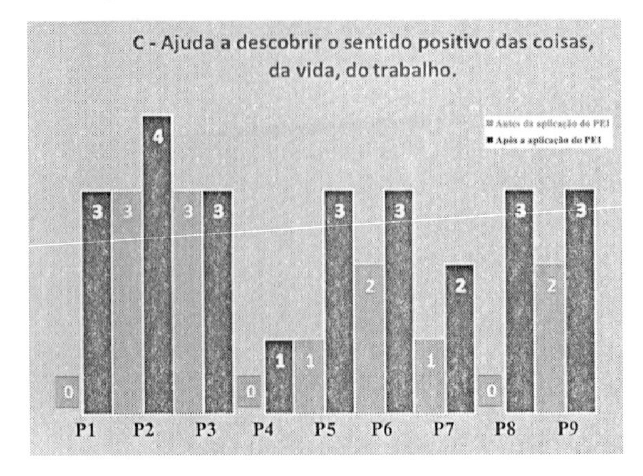

Fonte: elaboração dos autores

Atento ao desenvolvimento dos alunos, o professor propõe atividades e tarefas que os alunos necessitem abstrair e interiorizar para significarem conteúdos, relações de trabalho e a convivência social ou em comunidade.

Gráfico 25 – Critério Significado

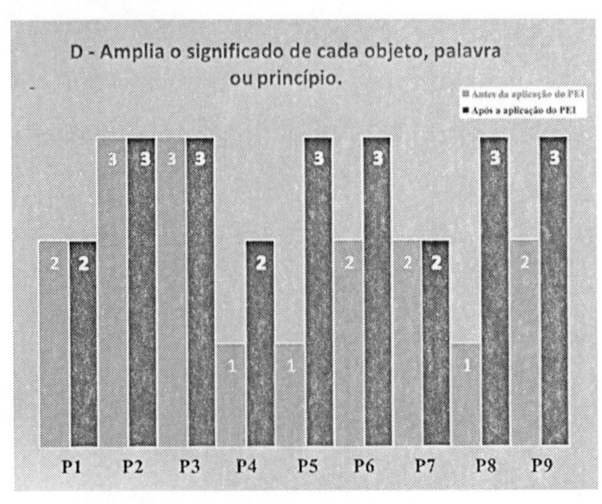

Fonte: elaboração dos autores

Promover a elaboração de novas hipóteses para que o aluno possa refletir sobre seu próprio processo de pensar e de aprender. A apropriação do significado é imprescindível para que o aluno transfira suas aprendizagens para outras situações.

Gráfico 26 – Critério Significado

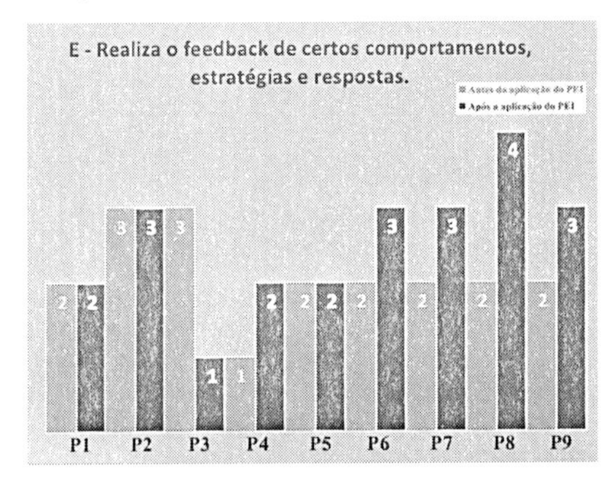

Fonte: elaboração dos autores

Ao dar o *feedback*, o professor mobiliza nos alunos a necessidade de pensar sobre as suas ações e o que leva a ter tais atitudes. O feedback é um estímulo para o aluno refletir sobre as mudanças que podem ocorrer e melhorar o seu comportamento.

Gráfico 27 – Critério Significado

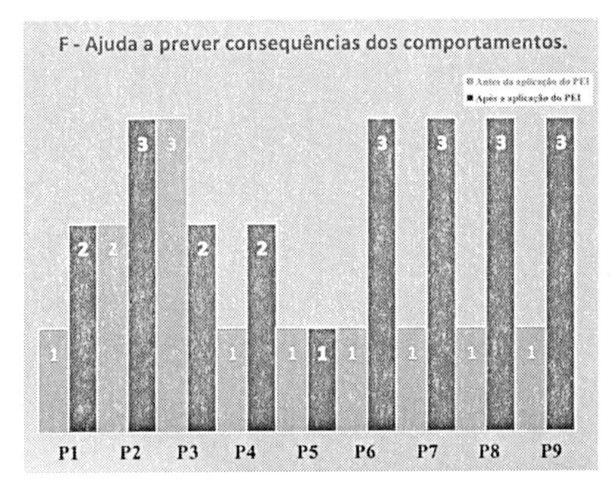

Fonte: elaboração dos autores

Ao mediar a autorregularão e o controle do comportamento, o professor enfatiza a autodisciplina e a impulsividade. O professor pede aos alunos que reflitam antes de responder e que se concentrem sobre a impulsividade mediando a conduta planejada.

Gráfico 28 – Critério Significado

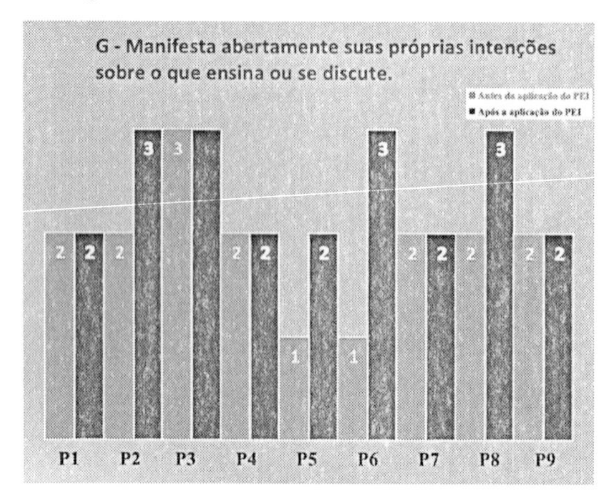

Fonte: elaboração dos autores

O professor seleciona estratégias de aprendizagem e expõe para os alunos a fim de fomentar a participação promovendo a cooperação e a interação.

Gráfico 29 – Critério Significado

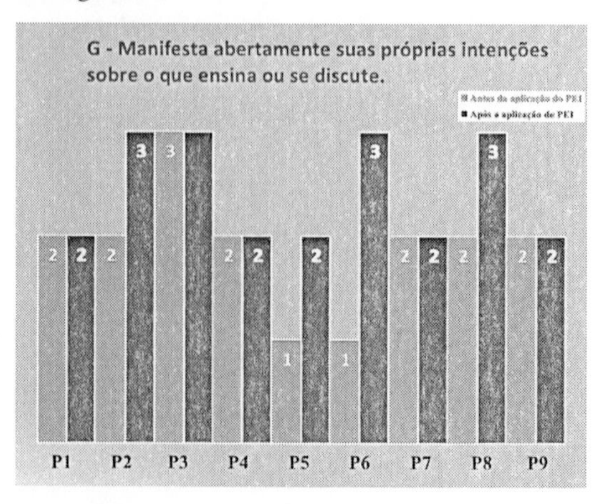

Fonte: elaboração dos autores

A necessidade de expor os objetivos da aula, os conteúdos a serem estudados é uma forma do professor gerar o sentimento de inclusão e o compartilhamento. Sem esse acolhimento por parte do professor, não se estabelece a condição central para a mediação.

Tabela 6 – Escala de pontuação de presença de indicadores de cada Critério Universal

0	O indicador não aparece durante as aulas
1	O indicador aparece raramente durante a aula
2	O indicador aparece com frequência
3	O indicador aparece de forma explicita e frequente
4	O indicador aparece de forma clara e se aprofunda

Fonte: elaboração dos autores

Os critérios analisados professor a professor

O objetivo desta análise é socializar o resultado das mudanças apresentadas pelos professores a partir do olhar da vivência da mediação com os instrumentos do PEI e descrever como as modificações foram sendo incorporadas e traduzidas na sua prática pedagógica. A caracterização dos resultados obtidos nesta pesquisa é fruto dos três momentos de avaliação[33], constituindo-se, cada um deles, em momentos articulados, de maneira que conseguimos comparar como tais mudanças tornaram-se um diferencial em sala de aula para cada professor. Portanto, para que a interpretação possa atender às particularidades de cada situação e sujeito, apresentamos de forma individualizada cada um.

Professor 1 - P1[34]

Durante a análise das atividades desenvolvidas em aulas, percebemos que a intencionalidade e reciprocidade apareceram com frequência nas atividades, nas interações e nos objetivos propostos. O professor conseguiu aumentar ainda mais a sua intencionalidade quando explicava os conteúdos e resgatava conhecimentos das aulas anteriores. Ao trabalhar o significado,

[33] Os momentos da avaliação referem-se a: 1) observar as aulas antes da aplicação do PEI; 2) Aplicação do PEI; 3) observar a aula após a aplicação do PEI.

[34] Quando da apresentação dos dados relativos aos professores, para preservar sua identidade, vamos nominá-los apenas por "P" e inseriremos um número correspondente que os identificará. Exemplo: Professor 1 = P1; Professor 2 = P2.

ele manteve a intencionalidade e provocou a reciprocidade dos alunos intensificando as perguntas: por quê? Como?

A avaliação da mudança se manteve frequente nos critérios intencionalidade e reciprocidade e transcendência, e conseguiu aparecer de forma explícita quando o professor significou os conteúdos da aula e envolveu os alunos nas atividades propostas.

Em grande parte das atividades P1 demonstrou o que Ausubel (1982) caracteriza como um novo estágio para a aprendizagem significativa, trabalhar resgatando fatores intrapessoais que interagem sobre a aprendizagem, os seus efeitos estariam relacionados ao afetivo-social, ao cognitivo e a reações emocionais.

Conclusão: a sua prática pedagógica estava alicerçada no comprometimento de uma aula com trocas de experiências, com desafios que encorajavam os alunos a buscarem mais, envolvendo-os em atividades que potencializavam pouco o desenvolvimento de funções cognitivas.

O professor demonstrou estimável mudança, porém algumas atitudes presentes no processo de ensino-aprendizagem, que qualificam a modificabilidade, foram apresentadas de maneira espontânea, em contrapartida, em outros momentos eram completamente nulas, o que atestou a falta de permanência e resistência a mudança integrada à estrutura cognitiva.

Professor 2 – P2

As aulas desenvolvidas por P2 apresentaram boas mudanças. A análise reflete uma prática pedagógica que já trazia ensaios de uma aula baseada na aprendizagem mediada antes da aplicação do PEI. Percebemos que P2 já possuía uma capacidade alta de gerar um clima de aprendizagem baseada em conteúdos bem-preparados. Fazia parte de sua prática pedagógica suscitar nos alunos conflitos cognitivos, provocando neles a necessidade de perguntas bem elaboradas, em outras vezes, dirigia perguntas provocativas para os alunos.

Tal comprovação foi percebida onde P2 se manteve com a capacidade de mostrar suas intenções de maneira frequente e explícita nos critérios intencionalidade e transcendência. A permanência destes dois critérios garantiu melhorar ainda mais o seu desempenho em sala de aula. O critério principal trabalhado por este professor foi o significado. Os exercícios e atividades planejadas permitiram clarear e aprofundar para os alunos aprendizagens que aparentemente pareciam superficiais.

Na busca do melhor desenvolvimento das atividades, P2 confirmou o que dissera Tébar (2011, p. 142), "a aprendizagem centrada no aluno exige implicação e que ele seja o protagonista de seus próprios avanços. O próprio fato de oferecer a cada aluno uma experiência de aprendizagem significativa, requer um trabalho diferenciado".

Conclusão: P2 apresentava um perfil mediador, ministrava aulas com objetivos claros e bem elaborados. Conseguia fazer uma nítida distinção de conteúdos que precisavam ser aprofundados pelo aluno, daqueles que estavam em construção.

Muito de sua aprendizagem significativa se deveu à sua compreensão dos critérios de mediação, além da sua condição de preservar a mudança em todos os critérios, a flexibilidade diante de novas situações enriqueceu sua prática e influenciou positivamente suas aulas.

A aquisição da aprendizagem significativa lhe proporcionou chegar muito próximo da modificabilidade, o único parâmetro da mudança que não permaneceu foi a generalização, que lhe trouxe dificuldades em perceber nos alunos as manifestações dos processos cognitivos para trabalhar o conteúdo no nível das operações mentais.

Professor 3 – P3

A dinâmica da sala de aula do P3 se diferenciava muito dos demais, a disciplina trabalha com conteúdo altamente abstratos, que por si só possibilitam desenvolver nos alunos operações mentais e funções cognitivas relacionadas à lógica, pensamento inferencial e silogístico. Muitos dos conteúdos trabalhados em sala estavam focados em funções cognitivas de entrada, dentre elas, resumos de dados com precisão e exatidão e considerar duas ou mais fontes de informações.

P3 incorporou mudanças significativas na sua prática pedagógica, conseguiu criar um clima de aprendizagem em sala que estimulava no aluno atitudes autônomas, além de encorajá-los na busca de solução.

Outra atitude modificada no P3 foi a apropriação de diferentes abordagens didáticas para solução de problemas que ocorriam nos exercícios práticos. Essa mudança de atitude, percebida durante a aula, foi essencial para atestar como as dimensões da mudança estrutural se mantiveram, apresentando-se de forma explícita e frequente, e, em alguns indicadores, aumentaram, evoluindo de forma clara e profunda.

Nesse sentido o professor considerou as relações humanas, a intencionalidade e o comprometimento. O exercício da docência é um permanente movimento de aprendizagem, onde eu me coloco numa situação de aprendiz e de educador.

Conclusão: P3 manifestou boa automodificação, sua conduta em sala de aula correspondeu com o alinhamento crescente dos indicadores avaliados. O critério que mais demonstrou a sua aprendizagem foi o significado, complementando-se com a transcendência. Isso nos permite dizer que P3 apresentava excelente gerenciamento da sala de aula, e conseguia conduzir a aprendizagem dos alunos para aplicar conhecimentos advindos da teoria e inseri-los na prática.

De todas as dimensões que permitem a modificabilidade, apenas uma não se condicionou: a flexibilidade/adaptabilidade. Não houve desenvolvimento suficiente no professor que lhe permitisse desencadear nos alunos a articulação de funções cognitivas que se fazem presentes para solucionar exercícios práticos, de modo a perceber que estas podem ser desenvolvidas da mesma maneira na compreensão da teoria. Este foi o ponto que não lhe conferiu utilizar a condição semelhante de comportamento aprendido para duas situações que se complementam, teoria e prática. Ou seja, faltou a aplicabilidade da mesma regra para situações diferentes.

Professor 4 – P4

Demonstrou um crescimento considerável. Durante as aulas algumas mudanças se apresentaram significativamente, o que mostrou como ocorrera a assimilação de novas aprendizagens, e a transferência delas no âmbito da sala de aula. Seu principal crescimento se consolidou sobre a descoberta do seu próprio processo de aprender. O que consideramos fundamental para perceber o nível das mudanças, pois esta diz muito dos seus processos cognitivos, envolvendo o seu comportamento em se colocar numa condição de aprendente e pensar sobre sua própria forma de pensar (metacognição).

A incorporação dessa aprendizagem ficou explícita em sala de aula, quando P4 colocava em prática a intervenção, fazendo interrogações das respostas dadas pelos alunos. Sua observação para intervir se focava em mediar para os alunos chegarem às respostas apropriadas diante de uma dada situação.

Seu nível de mudança nos critérios se manteve entre raramente e com frequência, algumas veze conseguia atingir os indicadores de forma explícita e se aprofundava. A flexibilidade nas relações aluno e professor, contribuíram para novos modos de ser e agir em sala, essa mudança na postura do professor e na sua prática pedagógica é decorrente da vivência de novas experiências, e de um novo aprendizado frente a novas situações que exigem a resolução de problemas.

Conclusão: a incorporação de novas aprendizagens lhes possibilitou um outro olhar sobre o seu exercício na docência. Porém o seu desempenho diante das mudanças não foi suficiente para causar modificabilidade. A mudança depende de fatores internos que ainda não haviam sido assimilados por P4. A falta de assimilação dos critérios transcendência e significado o impediram de trabalhar os conteúdos focados na perspectiva da aprendizagem mediada.

Embora os resultados das mudanças não tenham sido considerados aprendizagem significativa, que pudessem atingir seu nível mais alto, as mudanças têm um significado muito grande no seu próprio contexto, pois elas representam o máximo que o professor conseguiu absorver do programa.

Professor 5 – P5

O contexto de sala de aula criado por P5 valorizou muito o critério intencionalidade e reciprocidade. Da mesma forma que conseguiu evidenciar, com frequência, pequenos problemas que ocorreram na relação ensino e aprendizagem, reviu estratégias e propôs novas abordagens para conduzir a aula e manter o ambiente favorável para a construção da aprendizagem. Além de conseguir manter a reciprocidade para diferentes contextos de aprendizagem, deixou explícita sua intenção, mantendo frequente a compreensão do critério transcendência pelos alunos. A frequência com que esse critério se garantiu permitiu aos alunos significarem em breves momentos suas aprendizagens para sua realidade ou vida profissional.

Ao aliar a teoria e a prática, P5 trabalhou na perspectiva reflexiva, que segundo Nogaro e Silva (2015), o espaço sala de aula pode ser um ambiente para contribuir significativamente para a emancipação por meio de uma educação que contemple o desenvolvimento humano, profissional e social do sujeito.

Conclusão: P5 se aproximou de todos os níveis da mudança, mantendo-se sempre estável a eles. O que se apresentou insuficiente neste contexto da mudança, que não lhe gerou a modificabilidade, foi a superficialidade que permaneceu no critério transcendência. Alguns momentos ricos gerados a partir da transcendência dos alunos e do valor atribuído aos conteúdos não saíram do campo conceitual. O que se percebeu foi a necessidade de mediação intensa, para os alunos significarem os conteúdos. O que não atestou a mudança se caracteriza pela falta de estratégias metodológicas para aprofundar as generalizações e, com isso, trabalhar a na perspectiva da EAM.

Professor 6 – P6

Desenvolveu habilidades indispensáveis para um perfil mediador. A maneira como internalizou tais habilidades e as acomodou sustentou um rico processo de mediação, com estímulos bem planejados, e com capacidade de propor novas estratégias logo que percebeu que a intencionalidade e reciprocidade estavam se mantendo ausentes.

Devido a essa assimilação, outros dois resultados surgiram da mediação dos critérios transcendência e significado. P6 realizou atividades planejadas solicitando para alguns conteúdos, o exercício da comparação. Sua intenção consistiu em trabalhar operações mentais nos conteúdos que poderiam exercer a comparação e a análise. A partir dos problemas, fariam o relacionamento identificando a incongruência existente.

Gomes (2002) relaciona desse modo, a organização e o planejamento das aulas, das atividades ou exercícios como estratégia para desenvolver funções cognitivas e operações mentais, sem deixar de atender o conteúdo de cada disciplina. O que ocorreu foi uma nova interpretação e organização dos processos de ensino.

Neste exercício, P6 conseguiu aplicar o critério significado, possibilitando que os alunos desenvolvessem funções cognitivas capazes de levar a grandes generalizações, dentre elas a compreensão do conceito economia. A transcendência apareceu quando o professor conseguiu provocar nos alunos conflitos cognitivos, mostrando para eles a aplicabilidade do conceito sob diferentes pontos de vista.

Conclusão: P6 apresentou excelente crescimento com a ajuda do programa. Mudanças significativas já foram incorporadas à sua prática pedagógica. As dimensões da mudança apareceram sempre conexas, o que lhe possibilitou intervenções diretas em alguns problemas. No entanto, uma dimensão se apresentou deficiente, a permanência. A afirmação se comprovou pelo fato de P6 ainda não ter a habilidade para aplicar o mesmo conhecimento adquirido para tratar problemas de aprendizagem que seguiam a mesma ordem. Cada problema é sempre tratado como um novo.

Professor 7 – P7

Respondeu em sala de aula a todos os elementos que fortalecem um clima para gerar aprendizagem mediada. Além de apresentar grande facilidade para interpretar as dificuldades dos alunos, conseguiu modificar o estímulo de acordo com o nível de competência deles. Tal observação se constatou no critério significado, quando ele conseguiu manter a presença do indicador de forma clara e frequente em todos os exercícios e atividades em sala.

A natureza da sua aprendizagem significativa adveio do equilíbrio dos três critérios, que se traduziram nos indicadores que se mantiveram numa média frequente e explícita.

Uma característica do P7 observada em quase todos os indicadores foi o domínio com que explicitava as estratégias que seriam usadas, focando e esclarecendo as etapas de uma atividade. Essa condução em sala advinha do planejamento dos objetivos que P7 realizava para serem trabalhados, dessa forma selecionava os estímulos de acordo com a evolução dos alunos.

Para Feuerstein (2013), o planejamento das atividades é a essência da intencionalidade. A concepção da aprendizagem mediada é um duplo processo de individualização por parte do mediado, que traduz a sua reciprocidade e por parte do mediador a intenção, a energia o propósito.

Conclusão: os resultados das mudanças percebidas na sua participação no programa foram complementares à sua conduta em sala e aula, local em que enfatizava a cooperação, respeito às diferenças individuais e promovia reflexões acerca da autonomia dos alunos.

A principal dificuldade caracterizou pela não modificabilidade que se apresentou na mediação do critério transcendência.

A mudança não se manteve na dimensão da generalização/transformação, onde P7 precisava desenvolver a habilidade para criar ferramentas próprias de intervenção mediando fatos que se apresentassem interligados, levando os alunos a descobrir as relações entre eles, ligando-os a um contexto mais amplo.

Professor 8 – P8

Uma das condições de melhor aprendizagem de P8 foi a internalização. A facilidade com que P8 conseguiu manipular a informação mentalmente explica a sua capacidade de manter-se dentro das dimensões exigidas pela mudança. Nenhum dos três critérios avaliados deixou de atingir a frequência da presença do indicador de forma explícita, clara e profunda. A facilidade com que o P8 manipulava a informação manifestava a sua intervenção. Era assertiva. O mesmo comportamento que P8 expressou em sala foi o comportamento observado na aplicação do programa. A facilidade com que empregava a informação, associando-a aos conhecimentos já existentes, facilitaram-lhe aprendizagem significativa. Ausubel (2003) explica que as condições para reter a aprendizagem significativa simbolicamente representa um ambiente onde ele possa relacionar, manifestar e modificar sua estrutura cognitiva, potencializando o material aprendido significativamente.

Conclusão: P8 apresentava percepção clara e precisa na coleta de dados para diagnosticar uma dificuldade no aluno, preservou essa dimensão da mudança frequente em todas as aulas. Era muito seguro quanto ao seu comportamento diante de diferentes situações em sala, se adaptando a elas e mudando as estratégias. O que comprometeu a sua modificabilidade em termos estruturais foi a dificuldade em manter de forma explícita e profunda o parâmetro da generalização. Essa constatação foi recorrente, quando P8 era surpreendida com perguntas relacionadas a dificuldades características da fase da elaboração.

Em linhas gerais: conseguia diagnosticar se o aluno compreendeu uma pergunta, e conseguia avaliar o resultado da resposta, só ainda não tinha domínio sobre sua própria aprendizagem para auxiliar os alunos a organizar os dados coletados, criando conexões entre eles e reelaborando-os.

Professor 9 – P9

No decorrer da aplicação do programa, bem como em sala de aula, P9 desenvolveu estratégias que podem ser comparadas ao que Feuerstein chamou de "criar a regra interna" para o planejamento de objetivos. Percebemos durante a aula que P9 mediou o critério intencionalidade e reciprocidade encorajando e orientando os alunos para estabelecer objetivos e meios para alcançá-los nas atividades.

Atividades, exercícios e exposição da aula já eram trabalhados em sala evidenciando as fases do ato mental. A correlação entre os conteúdos e as operações mentais estava explícita em atividades nas quais conceituar, compreender e identifica eram os objetivos-chave das atividades que derivavam dos conteúdos.

Observou-se que, à mediada que os conteúdos eram empregados e os objetivos alcançados, os alunos eram desafiados a explorar novos conhecimentos, atingindo aprendizagem significativa. Ao perceber que os alunos reagiam positivamente, apresentava atividades que fortaleciam os estímulos que possibilitavam a eles a autonomia para interpretar o contexto da aprendizagem.

Ausubel, Novak e Hanesian (1980, p. 172) falam que o desenvolvimento cognitivo e prontidão estão intimamente ligados "a capacidade do aprendiz de processar ideias potencialmente significativas é, em parte, uma função do seu nível geral de funcionamento ou capacidade intelectual". Cada estágio da aprendizagem definem uma maturidade cognitiva qualitativa da aprendizagem e se caracterizam por mudanças contínuas quantitativas.

Quanto às dimensões da mudança, pelo fato de manter a reciprocidade dos alunos, conseguia conduzir a aplicação da aprendizagem com conteúdos relacionados às aulas anteriores, bem como a conteúdo futuros. Pelo trabalho do professor em sala, notou-se que a sua intenção era trabalhar numa perspectiva da aprendizagem mediada, privilegiando o desenvolvimento de operações mentais ao invés de conteúdo, trabalhar a autonomia e a aplicação de princípios.

Conclusão: o professor mostrou aprendizagem significativa sobre os parâmetros que sustentam uma experiência de aprendizagem mediada, a proposta se manifestou por meio dos objetivos do seu planejamento e a condução deles no processo de ensino e aprendizagem.

Sob o aspecto da mudança, o que não apareceu com frequência, para garantir a modificabilidade, foi a mediação do critério significado, que se tornou vago por falta de mediação. Feuerstein (2013) incide que para gerar um ambiente de aprendizagem mediada, deve existir um equilíbrio considerável da presença dos três critérios considerados universais. A incorporação dessa mudança exige uma renovação didática, um estilo pedagógico voltado para a disponibilidade e proximidade do professor para organizar e orientar as aprendizagens aos diferentes ritmos e capacidades dos educandos,

Alguns indicadores desse critério apareceram raramente, o que não permitiu aprofundar as generalizações, neste caso, os exemplos socializados pelos alunos, que em alguns momentos explodiram, em outros se perderam por falta de mediação.

Ao final, concluímos que P9 assimilou os conhecimentos e conseguiu adaptá-los a situações adicionais, porém necessitava aperfeiçoar o exercício da mediação para garantir que a mudança continuaria a ocorrer em todos os critérios que sustentam a mediação da aprendizagem.

Considerações e percepções dos pesquisadores durante o processo de aplicação do PEI

Seguindo a metodologia e os princípios teóricos do PEI, as análises foram originadas da interação dos participantes, do diálogo de questões objetivas e subjetivas, privilegiando análises dos conflitos, da reação do comportamento (resistência, flexibilidade, entrega, reflexão e medo). Os indícios de mudança foram se ampliando paulatinamente de forma a perceber como os participantes se envolviam nas atividades e a relação com a construção da sua aprendizagem.

O nosso problema de pesquisa foi investigar no grupo de professores as manifestações das mudanças ocorridas na prática pedagógica após aplicação do PEI. A resposta a essa questão, durante a vivência[35] da mediação, revelou resultados que não eram definitivos, pois trabalhamos na perspectiva da modificabilidade.

Para auxiliar o leitor na compreensão do momento da mediação, descrevemos a vivência apenas de uma folha de cada instrumento, das quais originaram as transcendências que descrevemos em forma de falas do grupo.

A seleção das falas durante a vivência foi anotada para posteriormente serem trabalhadas dentro de uma contextualização. Ao concluir as atividades, o grupo trazia para a discussão reflexões relacionadas ao conteúdo da folha que eram mediadas para gerar transcendências[36].

A realização das tarefas do Instrumento Organização de Pontos requeria dos participantes percepção clara, planejamento, controle da impulsividade e levantamento de hipóteses. Um elemento facilitador na aplicação do instrumento foi a receptividade da mediação pelos participantes.

Uma característica marcante do grupo se origina de um comportamento centrado na flexibilidade, no compromisso de fazer o exercício pensando no seu próprio processo de aprender e no respeito às dificuldades dos colegas. A ajuda mútua prevaleceu no sentido de mediar o colega para fazer a tarefa.

Outra característica demonstrada pelo grupo foi saber lidar com as suas próprias frustrações. Em atividades mais complexas que exigem um nível de abstração mais alto, que foram realizadas diversas vezes, no estilo

---

[35] O termo vivencia é utilizando para representar o momento em que o mediado está fazendo uma folha do instrumento do PEI.

[36] O termo transcendência para Feuerstein (2013) é empregado com o objetivo de compreensão profunda. Transcender tem o efeito de promover a compreensão por pensamento reflexivo, criando relações entre conhecimento, conteúdos e situações, ultrapassando o aqui e agora.

ensaio e erro[37], eles persistiram nos objetivos da tarefa e encontraram a origem da sua própria dificuldade.

Percebemos que a vivência da folha 04 gerou impulsividade e a falta de planejamento e de atenção confundiu bastante. Verificamos os sujeitos ao identificar as partes do todo e as suas relações umas com as outras demonstraram dificuldade por falta de atenção. A primeira reação foi a ansiedade de não conseguir fazer os exercícios, depois o que predominou foi um sentimento de medo de errar, e de ser o último a concluir a tarefa.

A seguir, descrevemos as principais dificuldades relatadas pelos participantes na página 4 do instrumento Organização de Pontos. A atividade da Folha 4 previa introduzir uma nova figura geométrica e buscar razões objetivas para tomar uma decisão.

A página a seguir faz parte do instrumento Organização de Pontos. Podemos observar a partir da folha 4 o emaranhado de pontos.

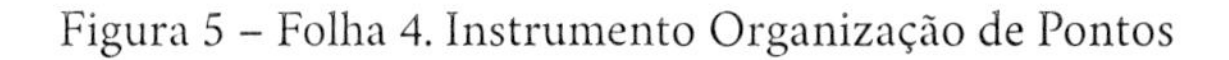

Figura 5 – Folha 4. Instrumento Organização de Pontos

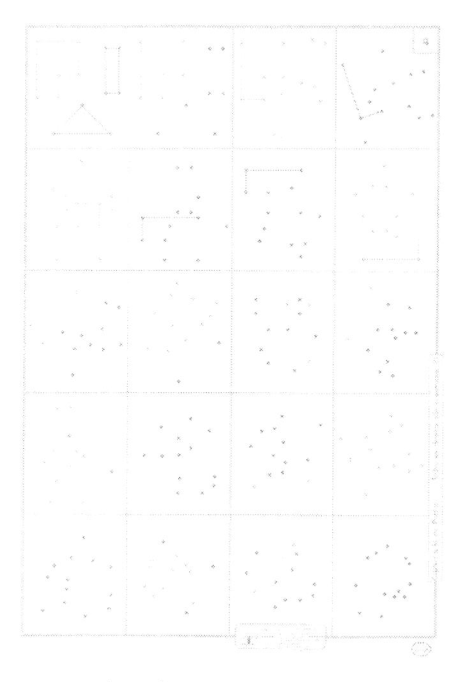

Fonte: Prof. Reuven Feuerstein (1995)

[37] Ao mediar a aprendizagem, fica evidente quando mediado não compreendeu a atividade, o ensaio e erro é mecânico na atividade, de maneira automática o mediado persiste na atividade, sem compreender onde se encontra o erro.

Durante o exercício da folha, surgiram dificuldades dos praticantes para diferenciar a figura do retângulo. O trecho a seguir apresenta uma fala entre eles.

> *P1. Claro! O retângulo está sobreposto. Procurei unir os pontos usando a mesma estratégia anterior. Agora a figura ficou ao contrário.*
>
> *P3. Óbvio! Não sei como não vi antes.*
>
> *P4. Esse emaranhado de pontos me confunde, por onde eu devo começar? A figura do* retângulo *pode sair menor que a do modelo?*
>
> *P5. Eu encontrei uma estratégia diferente. Ao finalizar o primeiro quadrado, desenhei mentalmente o segundo. Depois eu risquei.*
>
> *P6 fala para P3: Tenta fazer assim. Qual a diferença deste* retângulo *e desse aqui? Você percebeu que o tamanho é diferente?*

O aprendizado

Como o PEI não trabalha conteúdo, é esperado ao longo da mediação surgirem transcendências relacionadas a conteúdos diversos. Na aplicação do instrumento organização de pontos o que mais surgiu foi o aprofundamento de reflexões relacionadas à problemática mundial sobre o ser humano, à educação como emancipação do sujeito e às transformações particularmente na família e na escola. As considerações acerca da sociedade foram sendo mediadas a fim de incentivar um olhar interno, e provocar percepções sobre o quanto somos parte deste universo. A folha 4 gerou reflexões e preocupações que foram manifestadas pelos professores sobre as questões de indisciplina dos alunos, dificuldades de aprendizagem, e a dependência do uso e acesso a recursos de tecnologia, demonstrando frustrações que retrataram uma visão pessimista do cenário educacional.

Ao fazer os exercícios da folha 4, os professores fizeram uma relação com a problemática da educação. Para eles, a problemática não é recente, historicamente constatamos da falta do acesso a ela, fruto de uma cultura escolar elitista, baixo investimento em educação e um modelo de formação para professores frágil. Os professores reconheceram que todos estes problemas ainda persistem, somados a outros que são decorrentes, entre eles, a violência nas escolas, o desrespeito e a "concorrência" do professor com equipamentos tecnológicos.

Apesar de os professores compreenderem as principais razões da problemática, sentiam-se despreparados para lidar com ela, e de certa forma buscavam respostas educativas para enfrentar a situação.

Dos objetivos da folha que era introduzir uma nova figura geométrica e buscar razões objetivas para tomar uma decisão, originou uma transcendência que refletiu o comportamento dos alunos, o perfil do professor e o significado da escola.

Transcendência do grupo

O comportamento dos alunos em sala, na relação professor e aluno, e a baixa participação no processo de aprendizagem demonstram problemas sociais que refletem na aula, e não podem se resumir a soluções didático-pedagógicas, pois a origem dos problemas pertence a um contexto social que engloba a escola, e que está em seu sentido lato, não se pode solucionar todos os problemas por meio de práticas pedagógicas compensatórias.

O aprendizado

O instrumento Percepção Analítica trabalha a aprendizagem da percepção de modo analítico. A carência ou dificuldade de conduta comparativa causam percepções isoladas, sem conexões para buscar relações entre experiências já vivenciadas ou conexas com a realidade.

A página a seguir faz parte do instrumento Percepção Analítica. A folha 7 tem como objetivo analisar o todo por identificação, classificação e soma de suas partes. Ensinar estratégias para reconhecer, registrar e incluir os componentes relevantes de um todo.

Figura 6 – Folha 7. Instrumento Percepção Analítica

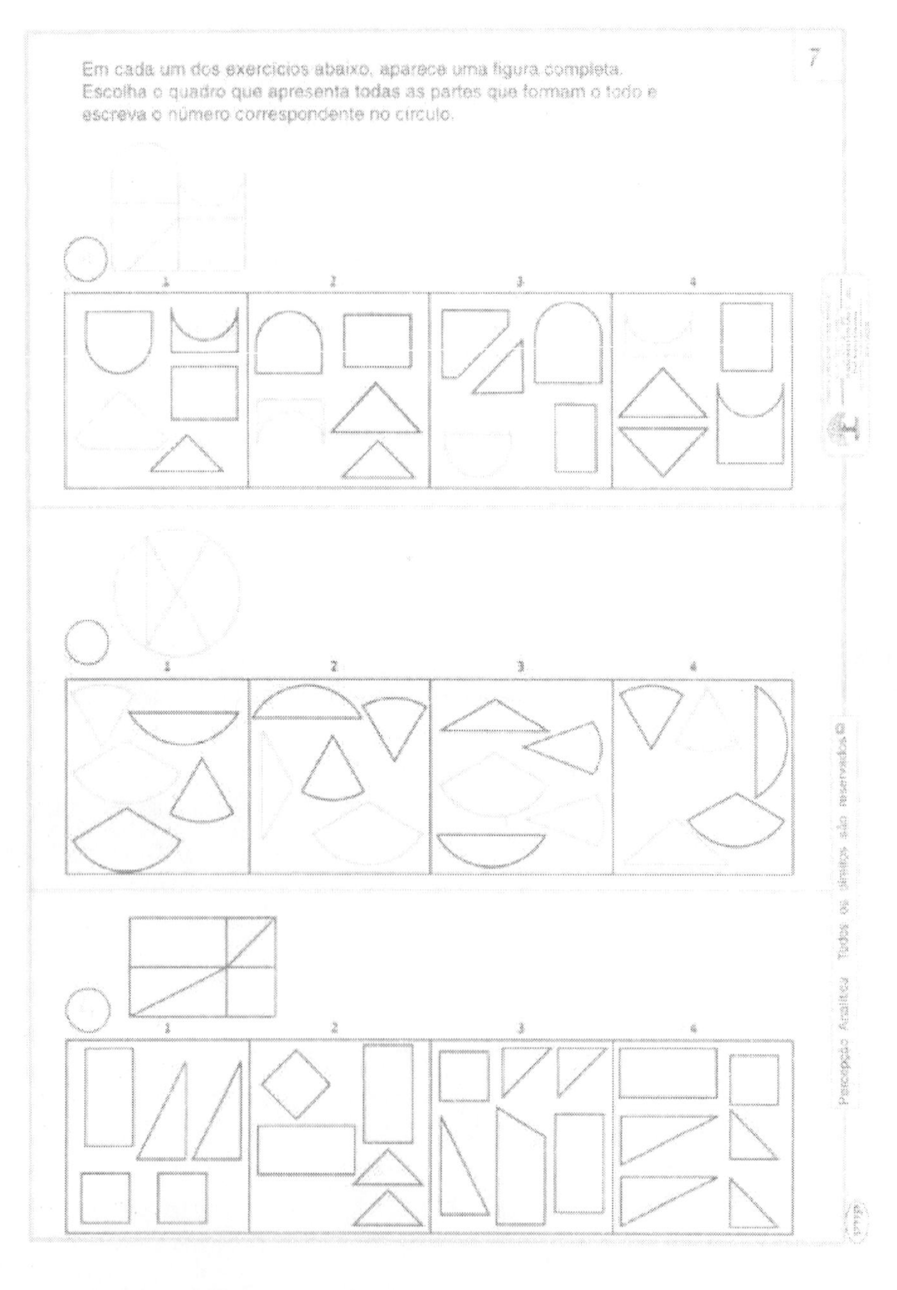

Fonte: Prof. Reuven Feuerstein (1995)

O exercício da folha consistia em escolher o quadro que apresenta todas as partes que formam este todo. A partir do exercício, surgiram considerações sobre a "problemática da educação" e a dependência do aluno quanto ao uso e acesso de recursos de tecnologia no momento da aula, a discussão girou em torno do passado. A comparação se centrou no tempo em que os professores frequentaram os bancos escolares e hoje.

Este foi o instrumento que mais apresentou elementos dificultadores, como resistência, reação negativa, pensamento divergente e diversidade de hábitos quanto ao uso de tecnologias em sala. Os professores que são usuários assíduos das tecnologias apresentam um marco de referência interior que lhes permite defender a sua própria opinião sem ver o todo. A situação gira em torno de si.

O trecho a seguir apresenta uma fala.

> *Antigamente os alunos tinham um comportamento em sala que hoje nem os pais recebem tal tratamento dos filhos. O professor era figura importante na sala e exercia a autoridade. Hoje as diferenças são gritantes, somadas às dificuldades adicionais de desmotivação, desinteresse e baixa aprendizagem (P1).*

Para Feuerstein (2013), o ato da comparação em si mesmo determina a natureza da percepção. O enfoque trazido para os principais elementos das reflexões contribuiu para o grupo fazer a transcendência do instrumento. Na percepção dos professores, usar o passado como referência possibilita a comparação, porém reconheceram que o indivíduo precisa se tornar consciente das características relativas de um tempo ao outro.

A mediação da folha 7, possibilitou os professores perceberem as partes e o todo relacionado a problemática educacional. Os trechos a seguir apresentam falas.

> *Há vinte anos atrás este era um problema que nenhum professor enfrentava, ele não existia. A questão que surge é que há vinte anos atrás outros problemas interferiam no trabalho do professor, por exemplo, dar aula só com quadro e giz. Atualmente outros problemas deram espaço para outras reflexões acerca da problemática educacional, entre elas, as tecnologias (P7).*
>
> *Não podemos trabalhar isoladamente o problema "dependência do aluno quanto ao uso e acesso a recursos de tecnologia no momento da aula". Uma alternativa poderia ser planejar a aula com atividades que permitissem aos alunos usar os equipamentos. O problema poderia ser resolvido se a instituição oferecesse curso a distância (P4).*

Transcendência do grupo

Quando percebemos um problema, precisamos estar cientes que ele é parte de um outro problema maior. Se conseguirmos identificar e solucioná-lo, criaremos um processo sistemático de resolver problemas.

Transcendência do grupo

A dependência do aluno quanto ao uso e acesso a recursos de tecnologia no momento da aula é uma parte de um problema. A problemática da educação representa o todo. Ao dividir o todo em partes, surgem outros problemas.

O aprendizado

A realização das atividades do Instrumento Comparação solicita que se trabalhe a conduta comparativa, estimular a flexibilidade no uso de parâmetros e promover operações e relações com as quais se descrevam semelhanças e diferenças.

As funções cognitivas exigidas nas atividades de comparações complementam as do instrumento percepção analítica, pois a carência ou dificuldade de conduta comparativa causam percepções isoladas, sem conexões para buscar relações existentes.

A página a seguir faz parte do instrumento Comparações. A folha 11 tem como objetivo construir elementos que sejam similares, usar o pensamento hipotético, a inferência e a evidência lógica.

Figura 7 – Folha 11. Instrumento Comparações

Fonte: Prof. Reuven Feuerstein (1995)

Os exercícios da folha 7 estimularam pouca flexibilidade no uso de parâmetros para a comparação. As reflexões motivadas a partir do exercício da folha, resgataram as discussões sobre a "problemática da educação" na dependência do aluno quanto ao uso e acesso de recursos de tecnologia no momento da aula, trouxe muitas discussões e pensamentos divergentes.

O grupo mostrou-se muito flexível em aceitar a opinião do outro. Uma reação do comportamento de dois participantes foi não mudar de ideia, permanecer sob o mesmo ponto de vista.

Por mais elementos qualitativos que a comparação acrescentasse ao tema, não ocorreu abertura por parte deles para perceber a situação de maneira diferente. Sob esta perspectiva de discussões, Gomes (2007, p. 57-58) escreve que o professor pode desenvolver no aluno habilidades de pensamento a partir da posição do filósofo Paul:

> Paul sustenta que há três tipos de "crentes", três tipos de posturas quanto à ação de acreditar, ou crer em algo. Há os que acreditam em algo mediante enunciados simples, [...] ponto de vista bastante parcial fragmentado da realidade. [...] O segundo tipo, de "crente" são os que acreditam em algo que estudam e analisam pontos de vistas divergentes dessas ideias. [...] Ele não é simplista, incoerente como o primeiro tipo, possui boa análise logica, seu raciocínio é coerente e oferece consistência. [...] um terceiro tipo de crente, um crente crítico capaz de se deixar mobilizar pelo ponto de vista do outro, por uma argumentação contrária. [...] visto que ele redireciona o valor do plano emocional para os processos cognitivos.

O que os participantes defenderam quanto à sua própria opinião? O trecho a seguir apresenta algumas falas.

> *P3 Eu não me incomodo com alunos usando redes sociais na minha aula. Eu consigo chamar a atenção dele para participar, eles interagem e contribuem com os conteúdos em questão (P3).*
>
> *Os alunos de hoje conseguem fazer várias coisas ao mesmo tempo, eles parecem mais autônomos. Não adianta a gente ficar regulando e controlando eles, às vezes ele está olhando para você e pensando no que o amigo postou (P4).*
>
> *Eu fico me perguntando: por que ele está aqui na minha aula, se ele não consegue se desligar do computador? Na minha disciplina ele é muito fraco (P7).*

Transcendência do grupo

Como professores, vamos trabalhar com alunos, independentemente do perfil deles. O que precisamos rever é como vamos trabalhar com este perfil. Talvez o modelo que temos hoje de educação precisaria ser revisto. Nem nós nem os alunos estamos satisfeitos com esta situação.

Para complementar nossa investigação, convidamos os participantes a falarem sobre sua experiência e aprendizagem com a intervenção do PEI, a fim de expor, de maneira explicita transcrevemos as respostas à questão apresentada.

Quanto à possibilidade de mudança na prática pedagógica advinda do PEI, conte-nos a sua experiência. O que pensam os professores? Depoimentos sobre a vivência da mediação.

> *O trabalho por meio da mediação foi de grande valia, pois percebi que é preciso proporcionar no aluno a construção do pensamento, para que ele percorra o caminho da resposta. A entrega do objeto pronto não desperta essa interação. É preciso respeitar o tempo de cada indivíduo (P1).*
>
> *Percebo que posso ser mais criteriosa na minha atividade, no momento em que se percebe que os seres são modificáveis e a mediação é essencial. Eu reconheço que devo aprender a mediar as situações de aprendizagens dos alunos (P2).*
>
> *Com a familiaridade dos instrumentos do PEI, pude perceber melhoria em minha prática cotidiana, com relação específica na compreensão da didática de direcionar os pensamentos dos alunos, no sentido de perceber qual aspecto é o mais relevante para o aprendizado de cada um, pois as pessoas aprendem de maneira diferente. Foi muito interessante perceber que no planejamento das atividades podemos levar em consideração operações mentais aplicáveis em cada estratégia de ensino. Além disso, a importância de trabalhar com a construção das respostas e do conhecimento, ao contrário da busca pela resposta "certa" (P3).*
>
> *A principal contribuição é a mediação em si, pois as minhas aulas deixaram de ser expositivas e passaram a ser mais expositivas participativas. Perguntas são lançadas a turma, e eles respondem com bons questionamentos e com boas experiências que agregam valor ao conteúdo. Os alunos têm se mostrado mais receptivos e interessados aos conteúdos, pois com exemplos práticos e a participação em sala de aula os alunos assimilam melhor o conteúdo (P4).*
>
> *A principal contribuição didática foi na mediação das atividades em sala de aula, a partir de então procuro ser mais a "ponte" para*

> *levar os conhecimentos aos alunos, ou seja, procuro criar estratégias para que o aluno fique com vontade de buscar mais informações, não dou mais respostas prontas, auxilio e mostro o caminho, mas deixo o aluno buscar seu crescimento. Trago mais exemplos práticos e atividades que demonstram essa prática, principalmente no que se refere a mercado de trabalho (P5).*
>
> *Com o processo de mediação com ajuda dos instrumentos do PEI, é possível observar diversas maneiras de planejar e executar as aulas. Pois pode-se executar as atividades nas unidades curriculares aplicando as funções cognitivas (P6).*
>
> *Aprendi a controlar minha impulsividade me organizar e planejar melhor a aula. A minha ansiedade atrapalha. Isso me fez refletir sobre a forma como eu reajo às perguntas dos alunos e como eu faço a mediação de exercícios em salas (P7).*
>
> *O fato de não dar respostas prontas, geralmente não tenho paciência para questionar e acabo dando as respostas. Preciso ter paciência para explicar e faço para mediar em sala de aula. A questão da intencionalidade mexeu muito comigo, e tenho trabalhado isso com os alunos. O que eles querem em sala de aula? Onde eles querem chegar? (P8)*
>
> *Aprendi a planejar diferente as aulas. Hoje eu olho em cada atividade onde as operações mentais e as funções cognitivas estão envolvidas. Antes de fazer o PEI eu não sabia dizer o que são operação mental e função cognitiva (P9).*

As mudanças em relação à influência do PEI na aprendizagem dos professores foram percebidas por eles como positivas. Aqueles que não perceberam as mudanças poderiam estar vivenciando o que Moscovici (1995) descreve sobre o processo de mudanças nas pessoas. Para Moscovici (1995), é necessário um desequilíbrio interno, que proporcione alteração de percepções, de novos sentimentos, atitudes e comportamento. A influência que o PEI teve no comportamento e na aprendizagem dos professores está relacionada à conscientização sobre o seu próprio processo de aprender.

Outra influência na aprendizagem constatada por eles se refere ao modo como ensinavam. P2 e P5 se manifestaram *não perceber o outro, não avaliar as necessidades e dificuldades de perceber o que é preciso mudar. A impulsividade e a ansiedade se tornam empecilhos no processo de aprendizagem.* A principal mudança percebida por P2 e P5 foi o autocontrole em respeitar o tempo do outro.

Foi manifestada ainda a mudança por P3 de que: *o PEI mobiliza o desenvolvimento pessoal, ao vivenciar a medição com os instrumentos, a pessoa passa a se perceber, a se automediar, a vivenciar o sentimento de competência, as limitações e os desafios.*

Por outro lado, os professores reconheceram que do mesmo modo que motiva o desenvolvimento pessoal, a resistência a mudança por causas diversas, como a falta de participação e de desmotivação são limitadores que geram aversão à mudança e impedem o trabalho coletivo.

Para P7 e P9, os aspectos facilitadores do PEI em relação à mudança ocorrida em sua prática pedagógica se referem a prestar mais atenção nos processos cognitivos dos alunos. Anteriormente o planejamento das aulas estava focado no conteúdo apenas.

A apresentação dos resultados de uma pesquisa é sempre o resultado de um trabalho que se realizou por causa do empenho de um grupo que participou de todas as fases da investigação até apresentação dos resultados. É um aprendizado e uma construção coletiva.

Por tudo aquilo que foi exposto e pelo resultado que a vivência do PEI permitiu ao mediador e mediados, constatamos que as perguntas norteadoras foram respondidas em partes, porque estamos num processo de mudança. Os professores participantes compartilham da ideia de que a escola pode sim ser um espaço para se trabalhar a educação cognitiva, o envolvimento e o compromisso dos participantes atestam a afirmação. Eles reconhecem que é preciso nascer uma proposta de mudança educacional que leve em consideração as tendências e articulações da educação profissional com o desenvolvimento cognitivo para assegurar a formação profissionalizante sustentável.

Ao nosso ver, a compreensão do fundo histórico de como a educação se processou no Brasil, é uma fronteira que nos dá respostas sobre o modelo educacional vigente e a desarticulação com uma proposta de educação focada no desenvolvimento intelectual dos estudantes.

Como pesquisa, escolhemos investigar o PEI[38], que nos deu uma resposta positiva e se mostrou muito eficaz para discutirmos o ensino e a aprendizagem. Outros programas para ensinar a pensar, já são discutidos e estudados por muitos educadores no Brasil. Destacamos os citados por Gomes (2007): o ensino do pensamento crítico; o modelo do *design;* Programa triárquico; Programa Ideal; Filosofia para crianças; Programa Higher Order Thinking (HOT); Habilidade do pensamento dentro do ensino; Pensamento dialético; Aceleração Cognitiva por meio da Educação em Ciências (Case).

[38] Educational and Child Psychology sintetiza os resultados obtidos da meta-análise sobre os efeitos do PEI.

CONSIDERAÇÕES FINAIS

Em sua instigante obra *Powershifft*, Alvin Toffler (1990), considerado eminente escritor futurista, apresenta um perfil da sociedade do século XXI[39], e, sabiamente, descreve os fenômenos ocasionados pelas mudanças do poder, que, segundo ele, são formados pela tríade: músculo, dinheiro e inteligência, que, traduzidos, representam a força, a riqueza e o conhecimento. Na sua última trilogia, "As mudanças do poder", Toffler (1990) desvinculou o poder da quantidade, e associou ao que considerou o fator mais importante de todos: a qualidade. Para o futurista, o poder da mais alta qualidade, no entanto, vem da aplicação do conhecimento.

Passado um quarto de século, as previsões do futurista se concretizaram? O que acreditam as pessoas sobre as mudanças? Como elas vivem o tempo das mudanças provocadas pela liquidez das estruturas? Os professores reconhecem que a aprendizagem para o trabalho é uma forma do trabalhador criar oportunidades para se desenvolver e lidar com os desafios que a nós são postos. De acordo com Bauman (2001), vivemos um momento de imprevisibilidade e todas as propostas de mudanças parecem ser de riscos e incertezas. O que precisamos perceber é que a formação profissional atingiu uma dimensão estratégica, onde, empresa e trabalhador visam cada vez mais a aquisição de conhecimentos, habilidades e competências para fazer face as novas organizações do trabalho que exigem empreendedorismo[40] e inovação.

Com base nesse contexto, a formação que propomos, a partir de Feuerstein, está ancorada na educação do ser humano, na crença de que o ser humano é modificável. O que parece ser um cenário de previsões pessimistas, pode ser também um cenário de oportunidades. Precisamos aprender a ler o mercado de trabalho, pois sabemos que a falta de capacitação ou a baixa qualificação corresponde ao discurso do desemprego. No

---

[39] O artigo "Durkheim, Vygotsky e o Currículo do Futuro", reporta-se às bases epistemológica do currículo do futuro, examinando o impacto das mudanças curriculares na economia global.

[40] Não se trata do empreendedorismo competitivo do mercado, mas de pensar este conceito como um desafio para a educação. Precisamos pensar a educação a partir das mudanças profundas que ocorreram na forma de aprender, ensinar e exercer uma profissão. Não podemos esquecer que as crianças criadas dentro da nova economia apresentam um perfil de pessoas conectadas a plataforma digitais desde a infância. Outro fator importante a se pensar sobre o perfil desses alunos é o tipo de interação social que ocorrem de forma on-line, usando as comunidades, fóruns e chats para trocar experiências. Esses jovens apresentam um perfil autodidata. Aprender errando já faz parte do aprendizado.

entanto, podemos provocar mudanças no mercado de trabalho quando propomos uma formação profissional voltada ao desenvolvimento cognitivo, contrapondo-nos a formação profissional baseada em certificações e validações de competências, que quando não reconhecidas pelo mercado, gera desigualdade elevando o número de desempregados certificados, mas sem conhecimento.

Feuerstein (2013), Gomes (2002), Tébar (2011), e Vivanco (2010) levantam perguntas importantes sobre o assunto. Por que haveria a necessidade de uma proposta de educação que se preocupasse em ensinar a pensar? Por que aumentar a capacidade intelectual dos estudantes? Por que preparar os professores para trabalhar com os desafios educacionais que exigem mudança de postura?

De maneira inteligente, não só nos perguntamos se uma proposta de educação que se preocupasse em ensinar a pensar estaria atendendo aos princípios do capital, como quais os efeitos dos trabalhadores sem conhecimento que não sabem articular competências e habilidades cognitivas nos seus postos de trabalho. Ao fazê-lo, vimos como possibilidade não apenas minimizar desigualdades, ou acabar com o analfabetismo e desemprego. Vimos a possibilidade de participação na sociedade destas pessoas que por meio da educação posam gozar de um bem-estar e de uma melhor a condição de vida.

Custa-nos a entender que em muitos casos as propostas de uma educação cognitiva e os programas de desenvolvimento cognitivo são facilmente compreendidos e considerados apenas como uma forma de economização do ser humano[41]. A propósito disto, é importante observar o que se diz sobre uma educação cognitiva e os seus programas de desenvolvimento. Nenhum deve ser olhado isoladamente, ou deixar de olhar a quem dele se ocupa da defesa. O problema não é que a educação possa oferecer nos seus currículos o ensino do pensamento para melhorar o fluxo da inteligência, mas como a educação pode conscientizar que isso não se torna mais uma forma de garantir produtividade maximizando apenas lucro.

Talvez devêssemos começar a fazer perguntas diferentes às teorias e a prática. O que Feuerstein traz sobre modificabilidade cognitiva como benefício, princípio básico de sua teoria, tem ajudado a quem? Quantos alunos conseguiram passar de ano porque elevaram sua capacidade de aprendizagem? Quantos trabalhadores conseguiram aplicar os conhecimentos

[41] Investimento em educação que visa explorar as capacidades humanas com fins lucrativos.

adquiridos em situações reais do trabalho? Como os aprendizes aprendem ofícios se eles não estão sendo ensinados por professores? Esta relação nos ajuda a entender que nem tudo está diretamente ligado a termos econômicos.

Uma outra relação que aparece neste horizonte, é que vimos como possível propor uma educação cognitiva, que trabalhe as potencialidades do ser humano em comunhão com o ser humano e não para o mercado. E são essas as experiências de aprendizado que constatamos ao final da nossa pesquisa. Esta experiência nos ajudou a ver que as lentes que são usadas para ver a educação cognitiva e os programas de desenvolvimento cognitivo devem ser renovadas, porque esta, com suas categorias[42], não consegue lê-las além de uma relação econômica.

Diante dos diversos olhares que o termo "formação" possa expressar, nossa proposição neste trabalho consistiu em direcionar para a visão que Feuerstein qualificou de desenvolvimento, atrelada à modificabilidade cognitiva, mostrando a influência que o cérebro tem nos aspectos cognitivos, emocionais e motivacionais do comportamento humano e suas interferências na aprendizagem. A modificação de uma parte implica a mudança do todo, é uma relação dinâmica, que age e interage com a pessoa no seu ambiente sociocultural e o seu efeito nunca é neutro. É o resultado de vários elementos interconectados que se afetam mutuamente.

A partir da investigação do contexto descrito por Feuerstein, trabalhamos os efeitos da teoria junto à aplicação do PEI como intervenção, onde a modificabilidade cognitiva estrutural foi o conceito central de um esquema teórico cujo propósito é provocar mudanças no fluxo do desenvolvimento cognitivo, com capacidade para alterar significativamente mudanças de hábitos, de atitudes e de princípios diante da vida. Se atingirmos este nível de maneira estável, justifica-se a modificabilidade.

Em relação às mudanças manifestadas pelo grupo, estas parecem ser, segundo classificação proposta por Feuerstein, Feuerstein e Falik (2014), derivadas de uma tripla ontologia, principalmente do tipo ontologia sociocultural, que recebe contribuições diretas da EAM, considerada essencial para o desenvolvimento biológico e sociocultural. A respeito das mudanças relacionadas à sua prática pedagógica, o grupo de professores manifestou acreditar que não existe modelo, o que pode ser compartilhado são práticas embasadas em metodologias de aprendizagem que atendam às necessidades da Educação Profissional.

[42] Nova moeda global. Necessidade das empresas. Estratégia educacional do Banco Mundial.

As mudanças do tipo sociocultural são originadas da própria experiência do professor somada à troca de experiências e ao trabalho em rede, que vem se consolidando do mundo real por meio dos grupos de pesquisa e se desenvolvendo em redes inteligentes de aprendizagem. O grupo demonstrou acreditar que a formação continuada é um caminho compensador, pois influencia a aprendizagem e dá significado ao trabalho do professor. Os professores acreditavam na formação continuada como elemento constituinte da docência e reconhecem que a instituição investe em cursos de formação, especialização e demais tipos de capacitação, e isso demonstra para eles a consonância entre a visão e os valores que a orientam: Compromisso com a Aprendizagem, Respeito às Pessoas, Integridade e Inovação.

Por fim, nas condições das mudanças, os principais ganhos evidenciados foram contribuições didáticas, enriquecimento cognitivo e aprendizagem significativa. Acreditar que existem outras possibilidades de trabalhar o conteúdo, de elaborar uma avaliação e de fazer uma pergunta supõem aprendizagens que foram acontecendo, de modo que se endereçaram para as reais dificuldades que cada um sentia no momento do seu fazer pedagógico, um momento ímpar entre professor e aluno. Essa percepção foi comprovada por eles, porque mobilizou aprendizagens de acordo com a precisão de cada um.

A manifestação do sentimento de competência e desafio foi observada como um fenômeno presente ao longo da aplicação dos instrumentos e se complementava com o compartilhamento das tarefas e das dificuldades socializadas com todo o grupo. Quando questionados, durante a aplicação dos instrumentos, sobre como poderiam trabalhar em sala os conteúdos, a aula dialogada com foco nas funções cognitivas tendo como suporte a aprendizagem mediada, os participantes demonstraram dificuldades em elaborar uma resposta. Tébar (2011) sugere que o educando deve interiorizar o comportamento que foi assimilado no processo de aprendizagem e adquirir uma total autonomia e independência em relação à sua resposta. Como incentivo, é pertinente a instituição possibilitar a continuidade da aplicação do PEI com o grupo de professores. De acordo com Feuerstein, Feuerstein e Falik (2014), quando se deseja resultado de uma mudança estrutural, profunda, duradoura e dinâmica, o trabalho educativo deve ser contínuo. É suposto, assim, que o trabalho realizado com os professores contribuiu para fortalecer o sistema de crenças proposto por Feuerstein (2013): o ser humano é modificável e toda pessoa é suscetível à mudança. Em relação ao processo de ensino e aprendizagem, além de ter ajudado a refletir acerca do conjunto de competências cognitivas e emocionais que os professores precisam ter para o exercício da docência, o trabalho possibilitou outro olhar sobre a prática pedagógica de cada um.

Conforme a revisão da literatura, a aquisição de novas aprendizagens influencia o comportamento. Os resultados da pesquisa evidenciaram que os participantes se sentiam envolvidos com a docência e estavam dispostos a revisar os métodos e a acompanhar as mudanças tecnológicas e sociais. Entretanto, a frase que ainda suscita muita discussão e que gerou entre os participantes manifestações de incertezas e medo é a de que "temos escolas[43] do século XIX, professores do século XX e alunos do século XXI". Por fim, identificamos que muitas mudanças já haviam sido absorvidas pelos professores e com isso eles conseguiram ampliar o seu repertório de estratégias metodológicas para trabalhar em sala e parte dessa mudança causaria efeitos positivos nos alunos.

Mediante essa mudança, há muito ainda por se fazer para se chegar ao perfil do professor mediador sugerido por Tébar (2011) e isto parece se confirmar nesta pesquisa. Os participantes se mostraram receptivos ao sistema de crenças de que o mediador é aquele que, de maneira consciente, assume o papel de orientador dos processos cognitivos dos educandos. Outra característica do perfil mediador é o seu comportamento que reúne autocontrole, flexibilidade e adaptabilidade.

Deixamos como sugestão de investigações futuras utilizando-se do PEI como programa, é interessante explorar a dimensão do potencial de aprendizagem do professor. Este foi um campo muito manifesto, por sua vez, o tempo foi um limitador que não nos permitiu explorá-lo por inteiro. Sugerimos, ainda, o acompanhamento contínuo do trabalho do professor para elucidar as mudanças que ainda não se manifestaram, mas já fazem parte dos objetivos alcançados.

Por fim, este estudo mostra que, por menor que seja a mudança, ela interfere no todo. Muitos dos elementos que se apresentaram na mudança podem ser explicados ao serem relacionados com os avanços antes da aplicação e após a aplicação do PEI. Agora é possível visualizar ativamente os efeitos das mudanças na aprendizagem dos professores e como as modificações se incorporaram aos processos pedagógicos e foram observadas

[43] A frase foi socializada pelos professores no momento da aplicação do instrumento Comparações. A frase foi amplamente conhecida após reportagem da Globo News com o representante do CNE, Mozart Neves Ramos. Edição 08/11/2012. g1.com.br/globonews.

em sala de aula. Desta conclusão, podemos estender nossas perspectivas para trabalhos futuros, em que pretendemos continuar pesquisando sobre as manifestações das mudanças ocorridas na prática pedagógica após a aplicação do programa de desenvolvimento cognitivo.

Em relação à vivência da mediação, confirmamos que o programa modificou funções de aprendizado e o comportamento de maneira sã e promissora. Essas identificações ocorreram ao se observar as aulas novamente após a aplicação do PEI. O que não foi expresso pelos participantes, neste estudo, foi a modificabilidade cognitiva. O trabalho deu conta de gerar apenas mudanças comportamentais, o que nos permite afirmar que o PEI explica as mudanças produzidas, mas, para ocorrer modificabilidade cognitiva, é necessário intervir mais intensamente no plano cognitivo, permitindo assim que o cérebro altere estruturas existentes e forme novas conexões, aumentando o potencial de funcionamento. Acreditamos que ao aplicar o Programa por completo, o Nível I e Nível II, totalizando 160 horas, é possível alterar esse fluxo e provocar maior desenvolvimento do aprendiz no seu processo de aprendizagem, assim, maiores serão as possibilidades de uma mudança estrutural efetiva e duradoura, evidenciando a modificabilidade cognitiva.

Em face as inúmeras dificuldades vivenciadas no atual momento em que a crise de valores e a falácia da pátria educadora pôs em dúvida o discurso amplamente difundido "educação para todos", acreditamos que a educação ainda é uma perspectiva que assume papel central na formação e na disseminação de valores pautados na formação ético-política do homem trabalhador.

A partir desse ponto de vista nos questionamos: o que nos torna tão passivos diante de tantas circunstâncias que envolvem o exercício da cidadania, quando nós apoiamos numa teoria que comprova que o ser humano sofre mudança de comportamento quando é sensivelmente afetado por certas interações ambientais? E a base de sustentação da teoria que estudamos considera os sujeitos sociais e modificáveis, em constante movimento de aprendizagem e desenvolvimento?

Ao assumirmos essa proposição, nos questionamos qual a aprendizagem "ideal" capaz de promover mudanças internas no indivíduo, já que ele está inserido neste movimento dialético e sofre influência do meio? Sendo que muitas vezes ele está exposto a uma aprendizagem acidental e outras a uma aprendizagem mediada? Então nos perguntamos: qual a diferença para a estrutura cognitiva dessas duas aprendizagens, se as duas são consideradas aprendizagens?

Quanto à aprendizagem que ocorreu com nosso grupo de pesquisa, metaforicamente, podemos comparar a aprendizagem dos professores a um mergulho emocionante em que o recife pode ser a nossa mente, e que nosso tempo de mergulho permitiu conhecermos um pouco mais da vida marinha que se acomoda sobre a margem.

Sentimos que, ao margearmos os arrecifes, conseguimos adentrar um pouco e mergulhamos pacientemente sobre eles, respeitando o tempo que cada um precisava para se encorajar, aventurar-se e descobrir a vida marinha que só pode ser vista quando penetramos nela.

Ao final, concluímos que as encostas já não são mais as nossas principais barreiras. Conseguimos, mesmo dentro de nossas limitações, avistar a beleza dos corais, a riqueza da vida marinha que se confunde ora com águas límpidas ora com águas turvas. Todos conseguiram avistar um mundo marinho diferentemente daquele que conseguimos olhar apenas pelo lado de fora do mar.

Diante do que representa o mar para nós, fica a promessa de mergulharmos mais a fundo para penetrarmos nos arrecifes que apenas avistamos de longe, ou para descobrirmos aqueles que ainda não foram tocados e esperam por ser descobertos.

REFERÊNCIAS

ABBAGNANO, N. **Dicionário de filosofia.** Tradução de Ivone Castilho Benedetti. São Paulo: Wfm Martinsfontes, 2012.

AUSUBEL, D. P.; NOVAK, J. D.; HANESIAN, H. **Psicologia educacional**. Rio de Janeiro: Interamericana, 1980.

AUSUBEL, D. P. **A aprendizagem significativa:** a teoria de David Asubel. São Paulo: Moraes, 1982.

AUSUBEL, D. P. **Aquisição e retenção de conhecimentos:** uma perspectiva cognitiva. 1. ed. Lisboa: Plátano Edições Técnicas, 2003.

BAUER, M. W; GASKELL, G. **Pesquisa qualitativa, com texto, imagem e som**: um manual prático. Tradução de Pedrinho A. Guareschi. Petrópolis: Vozes, 2013.

BAUMAN, Z. **Modernidade líquida**. Rio de Janeiro: Jorge Zahar Editor, 2001.

BEN-HUR, M. **Aprendizagem e transferência**. Bahia: Fórum Internacional PEI, nov. 2000. Disponível em: www.cdcp.com.br/artigos.php. Acesso em: 31 maio 2014.

BRASIL. Ministério da Educação. Inep. **Relatório Nacional PISA 2012**: resultados brasileiros. Brasília, 2012.

BRUNER, J. **O Processo da educação geral**. 2. ed. São Paulo: Nacional, 1991.

FEUERSTEIN, R. **Il Programa di Arricchimento Strumentale di Feuerstein**. Trento: Erickson, 2013.

FEUERSTEIN, R. **Instrumental Enrichment:** an Intervention Program for Cognitive Modificability. Glenview: Foresman and Company, 1980.

FEUERSTEIN, R.; HOFFMAN, M. B. **Programa de enriquecimento instrumental.** Jerusalem: Hadash-Wizo-Canada-Research Institute, [200-]. 265 p. Apostila do curso de Pós-graduação Latu Sensu em Desenvolvimento Cognitivo – Faculdade de Tecnologia Senac Florianópolis.

FEUERSTEIN, R.; FEUERSTEIN, R. S.; FALIK, L. H. **Além da inteligência**: aprendizagem mediada e a capacidade de mudança do cérebro. Tradução de Aline Kaehler. Petrópolis: Editora Vozes, 2014.

FEUERSTEIN, R.; FEUERSTEIN, R.; KOZULIN, A. **The Ontogeny of Cognitive Modificability** – Applied Aspects of Mediated Learning Experience and Instrumental Enrichment. Jerusalém: ICELP & HWCRI, 1997.

FONSECA, V. da. **Aprender a aprender:** a educabilidade cognitiva. Porto Alegre: Artmed, 1998.

FONSECA, V. da. **Modificabilidade cognitiva:** abordagem Neuropsicológica da Aprendizagem Humana. São Paulo: Salesiana, 2002.

GARDNER, H. **Inteligências múltiplas**: a teoria na prática. Porto Alegre: Artmed, 2000.

GATTI, B. A. **A construção da pesquisa em educação no Brasil**. Brasília: Editora Plano, 2002.

GIL, A. C. **Métodos e técnicas de pesquisa social**. 4. ed. São Paulo: Atlas, 1995.

GIL, A. C. **Como elaborar projetos de pesquisa**. 3. ed. São Paulo: Atlas, 1991.

GOMES, C. M. A. **Apostando no desenvolvimento da inteligência:** em busca de um novo currículo educacional para o desenvolvimento do pensamento humano. Rio de Janeiro: Lamparina, 2007.

GOMES, C. M. A. **Feuerstein e a construção mediada do conhecimento**. Porto Alegre: Artmed, 2002.

GOMES, C. M. A. **Concepções de inteligência e programa de intervenção**. Florianópolis, 2010, 108 p. Apostila do Curso de Pós-graduação Latu Sensu em Desenvolvimento Cognitivo – Faculdade de Tecnologia Senac Florianópolis.

ILLERIS, K. Uma compreensão abrangente sobre a aprendizagem humana. *In:* ILLERIS, K. (org.). **Teorias contemporâneas da aprendizagem**. Tradução de Ronaldo Cataldo Costa. Porto Alegre: Penso, 2013. p. 15-30.

INEP. Instituto Nacional de Estudos e Pesquisas Educacionais Anísio Teixeira. **Ações Internacionais:** PISA, 2009. Disponível em: http://portal.inep.gov.br/pisa-programa- internacional-de-avaliacao-de-alunos. Acesso em: 10 mar. 2015.

JARVIS, P. Aprendendo a ser uma pessoa na sociedade aprendendo a ser eu. *In:* ILLERIS, K. (org.). **Teorias contemporâneas da aprendizagem**. Tradução de Ronaldo Cataldo Costa. Porto Alegre: Penso, 2013. p. 31-45.

LAUCHLAN, Fraser. Addressing the social, cognitive and emotional needs of children: the case for dynamic assessment. **Educational and Child Psychology,**

London, v. 18, n. 4, p. 1- 88, 2001. Disponível em: http://strathprints.strath.ac.uk/30622/1/ECP18_4web.pdf. Acesso em: 10 jan. 2015.

LEFRANÇOIS, G. R. **Teorias da aprendizagem:** o que a velha senhora disse. São Paulo: Cengage Learning, 2008.

LÜDKE, M; ANDRÉ, M. **Pesquisa em educação**: abordagens qualitativas. São Paulo: EPU, 2004.

MARINA, J. A. **Teoria da inteligência criadora**. 1. ed. Rio de Janeiro: Guarda Chuva, 2009.

MORIN, E. **A cabeça bem-feita**: repensar a reforma, reformar o pensamento. Tradução de Eloá Jacobina. Rio de Janeiro: Bertrand Brasil, 2008.

MOSCOVICI, F. **Equipes dão Certo**: a multiplicação do talento humano. Rio de Janeiro: José Olympio, 1995.

NOGARO, Arnaldo. **Teoria e saberes docentes**: a formação de professores na escola normal e no curso de pedagogia. Erechim: EdiFAPES, 2002.

NOGARO, Arnaldo. **O Pensar filosófico**. Erechim, 2013 (Apostila).

NOGARO, A; SILVA, H.A. da. **Professor reflexivo**: prática emancipatória? Curitiba: CRV, 2015.

PIAGET, J. **A epistemologia genética**. Rio de Janeiro: Zahar, 1973.

SANTANA, S. de M.; ROAZZI, A; DIAS, M. das G. B. B. Paradigmas do desenvolvimento cognitivo: uma breve retrospectiva. **Estudos de Psicologia**, Natal, v. 11, n. 1, p. 71-78, jan./abr. 2006. Disponível em: http://www.scielo.br/pdf/epsic/v11n1/09.pdf. Acesso em: 22 dez. 2014.

SANTOS, B. de S. **Um discurso sobre as ciências**. 7. ed. São Paulo: Cortez, 2010.

SILVA JÚNIOR, S. D. da; COSTA, F. J. Mensuração e escalas de verificação: uma análise comparativa das escalas de *Likert* e *Phrase Completion*. **PMKT – Revista Brasileira de Pesquisa de Marketing, Opinião e Mídia**, São Paulo, v. 15, p. 1-16, out. 2014. Disponível em: http://revistapmkt.com.br/Portals/9/Volumes/15/1_Mensura%C3%A7%C3%A3o%20e%20Escalas%20de%20Verifica%C3%A7%C3%A3o%20uma%20An%C3%A1lise%20Comparativa%20das%20Escalas%20de%20Likert%20e%20Phrase%20Completion.pdf. Acesso em: 22 dez. 2014.

SKINNER, B. F. **Questões recentes na análise comportamental**. Tradução de A.L. Neri. Campinas: Papirus, 1995.

SOUZA, A. M. M. de; DEPRESBITERIS, L.; MACHADO, O. T. M. **A mediação como princípio educacional:** bases teóricas das abordagens de Reuven Feuerstein. São Paulo: Senac São Paulo, 2004.

TÉBAR, L. **O perfil do professor mediador:** pedagogia da mediação. São Paulo: Senac São Paulo, 2011.

TOFFLER, A. **Powershift**: as mudanças do poder. Tradução de Luiz Carlos do Nascimento Silva. Rio de Janeiro: Record, 1990.

TRZESNIAK, Piotr. Indicadores quantitativos: reflexões que antecedem seu estabelecimento. **Ciência da Informação**, Brasília, v. 27, n. 2, p. 159-164, maio/ago. 1998. Disponível em: http://www.scielo.br/pdf/ci/v27n2/trzesniak.pdf. Acesso em: 19 maio 2015.

VARELA, A. **Informação e autonomia**: a mediação segundo Feuerstein. São Paulo: Senac, 2007.

VIVANCO, G. **Experiência de aprendizagem mediada I**. Florianópolis, 2010, 20 p. Apostila do Curso de Pós-graduação Latu Sensu em Desenvolvimento Cognitivo – Faculdade de Tecnologia Senac Florianópolis.

VYGOTSKY, L. A. **A formação social da mente**. São Paulo: Martins Fontes, 1984.